やってみてわかった

SEIKO HOSOKU・SEIKO HOSOKU・

成功法則完全実践ガイド

成功データ研究所　代表

田晋一

Discover

まえがき

父は小学校の校長。母は元保育士。父方の祖父も学校長で、母方の祖父が教育委員長。僕はそんな教育一家に生まれました。

そして偶然にも最寄り駅の隣には、父の母校でもある国立の附属小学校があり、いわゆる「お受験（小学校受験）」をしてたまたまその学校に受かってしまった時から、僕の、黒歴史に満ちた人生が幕を開けることになります。

高度な教育カリキュラムと、著名な先生方、意識の高い父兄たち。そして何より、生徒のほとんどが進学塾に通い、難関大学を目指すという特異な環境の中、もともとあまり頭のよくなかった僕は周りについていくのに必死でした。

学校が終わると毎日、夜寝るまで勉強、勉強。生徒は皆、各地から電車で通学をしており、放課後に友だちと遊ぶこともほとんどどまなりませんでした。何より幼な心に、もしも悪い成績をとったり、先生に怒られるようなことをしたりしたら、学校長という立場にいる父の顔に泥を塗ることになるというプレッシャーがあり、とにかく必死で勉強に明け暮れた少年時代でした。

それは辛い日々でしたが、誰かが教えてくれた**「努力は裏切らない」**とか**「苦労は報われる」**という言葉を信じて、今は苦しくても、こうやって真面目に一生懸命頑張っていれば、いつか大きな成功や幸福を手にすることができるのだろう、と思っていました。

そのころの息抜きといったら読書で、特に僕は日本史の本を読むのが好きでした。その理由は単純で、学校の図書室に置いてある漫画が、当時『漫画　日本の歴史』か『はだしのゲン』くらいしかなかったからです（『はだしのゲン』は原爆が投下された広島の凄惨な描写があるため、繰り返し読むことができませんでした）。

それらの本の中では、聖徳太子、織田信長、坂本龍馬、野口英世といった歴史上の偉人たちが大活躍していて、幼な心にそうした偉人たちに憧れを抱き、僕も将来はそんな偉大な人物になりたいと願いました。

ぼんやりとそんな夢を抱えたまま、小学校を卒業してそのまま附属中学校に入りました。そして中学を卒業後は、受験をして私立大学の附属高に入学して、そのまま大学へ。大学に入って初めて、僕はこの勉強地獄から解放されました。

大学ではサークルに入ったり、好きな講義をとったりしてそれなりに充実した4年間を過ごしました。それは人生で初めて、生きるって楽しいものなんだなと実感した日々でもありました。

そして大学卒業後は、マーケティング・リサーチの会社に入社しました。幼いころから何かを調べたり分析したりするのが大好きだった僕は、それなりに仕事に満足感を覚え、日々、楽しく過ごしていました。

折しも、そのころはＩＴバブルと言われた時代で、いわゆる「ＩＴ社長」と言われるようなバブリーな人たちがたくさんいて、僕もそんな人たちと話す機会が多くありました。

そして彼らの学生時代の話を聞いて驚いたのは、「授業なんかそっちのけで遊んでいた」とか、「地元の友だちとつるんでヤンチャしていた」とかいう話ばかりで、僕のように「真面目に勉強ばかりしていた」と言う人はほとんどいないという事実でした。

彼らの話を聞いているうちに、僕は徐々にわからなくなってきました。学生時代に遊んで暮らしていた彼らが今や、僕よりも年収も社会的地位も高い「成功者」になっていて、かたや、学生のころに真面目に頑張っていた僕は、歴史的偉人になるどころか、しがない平凡なサラリーマンに成り下がっている。だとしたら、あの血の滲むような努力の日々は何だったのだろう……。

それは、自分のこれまでの人生のすべてを否定されたようなショックと屈辱でした。そして何もかもバカらしくなった僕は、いっそ死んでやろうかとすら思いましたが、死ぬ前にせめて、僕の人生がどこで間違ったのかを知りたいと、痛切に思いました。


誤謬はいったいいつ、どこから始まったのか。

さかのぼって思い出していくと、幼いころ耳にしていたあの言葉にぶつかりました。「努力は裏切らない」「苦労は報われる」という、僕が盲目的に信じていたあの言葉です。

僕はそこで、はたと気づきました。ただ真面目に努力をしていれば必ず成功する、苦労に耐えていればいつか幸せになれると、何の根拠もなく信じていたけれど、そもそもそれが間違いだったのではないか。

たとえば野球が上達するには野球がうまくなるコツを知らないといけないし、字を綺麗に書くには綺麗に書くコツをつかまないといけないのと同じように、**人生において一定の成功を収めるには、成功を収めるためのコツを知らないといけないのではないか**、と悟ったのです。

では「成功を収めるためのコツ」とは何か。どうすれば成功できるのか。それを知るため、次の日から僕は死に物狂いで様々な文献や統計データを片っ端から調べていきました。そしてそれらに書いてある成功理論やメソッドを一つひとつ分析した上、実際に自分で試してみて、それらが本当かどうかの検証まで行ないました。奇遇にもリサーチを本業としていた僕は、何かを調べたり分析したりすることにかけては誰にも負けないという自信がありました。

そして、**1000冊以上の文献調査と10年にわたる分析・検証期間を経てようやく、僕の知りたかった「成功するためのコツ」がわかってきた**次第です。

本書は、その10年にわたる研究成果のすべてをまとめたものです。おそらく、ここまで丁寧に「成功」について調べ、分析し、検証した本は日本でも初めてでしょう（海外の本では何冊か知っていますが、日本の本では僕が知る限り存在しません）。この1冊を読むだけで、巷に溢れる、どんな成功本よりも正確性が高く、どんな成功本よりも再現性の高い成功方法＝理想の人生を送る方法を知ることができます。

よりよい人生を手に入れたいあなたの一助になれば幸いです。

本書の使い方

本書は、「成功するためのコツとは何か？」をテーマに、第1章ではそのものズバリ、『成功する』にはどうすればいいのか？」を説明し、第2章〜第6章は、「成功する」ための個別的な戦略・手法を説明しています。

さらに各章は、以下のような構成と内容になっています。

まず**【序論】**パートでは、**その章のテーマに関する前提的な情報**を述べています。たとえば第2章の『やりたいことを見つける』にはどうすればいいのか？」では、「やりたいことを見つける」とはどういうことで、これまでの自己啓発書ではどのようにとりあげられてきたかを説明しています。

次に、**【調査】**パートでは、**その章のテーマに関する各手法のレビュー**を掲載しています。たとえば第2章では、「やりたいことを見つける」ための分析手法を簡単に分類した後に、一つひとつ、簡単に説明しています。

さらに**【検証】**パートでは、レビューした各手法を**僕自身が実際に試した結果**を明らかにしています。検証ポイントとしては、各章共通して、**「①現実性」「②有効性」**という2つの観点を見ています。「現実性」とは**「その手法を現実的に使いこなすことができるか？」**という点、「有効性」とは**「その手法を使って期待する成果を上げることができるか？」**という点を指し、このパートの最後に、この2点に関して各手法がどうだったかを「◎」「○」「△」「×」「－」などで評価しています。

◎　顕著に現実性・有効性が認められた
○　現実性・有効性が認められた
△　一部、現実性・有効性が認められるところもあった
×　現実性・有効性は認められなかった
－　検証不能

そして最後に【**結論**】パートで、文字通り、**その章のテーマに関する結論**を述べています。たとえば第2章なら、「やりたいことを見つける」にはどうすればいいのかを明確に結論づけています。ですので、理屈はいいからとにかく結論だけ知りたい、という人は、こちらだけ読んでいただければ、端的に結論だけを知ることができます。ご活用ください。

※　第1章のみ、【検証】の代わりに【分析】というパートを挿入しています。これは、「成功する」というテーマの特性上、厳密な意味での検証が困難であるためです。ただしその代わりに、かなり多くの統計調査の結果を横断的かつ徹底的に分析していますので、本書の信憑性自体には問題がないことを念のため、補足しておきます。

目次

検証

検証

結論

第４章 「目標を達成する」にはどうすればいいのか？

序論

調査

検証

検証

「悩みを解決する」手法を試してみた

検証

「折れない心を持つ」手法を試してみた

結論

第1章

「成功する」にはどうすればいいのか？

SEIKOU SURU NIHA DOU SUREBA IINOKA?

「成功する」とは?

本章では、成功するための方法論について見ていきます。最初に確認しなければならないことは、そもそも「成功」とは何か、という点です。

『広辞苑』(岩波書店)で「成功」と調べると、

①目的を達成すること。事業などをなしとげること。
②転じて、地位や富を得ること。

とあります。主に自己啓発の世界で使われる場合、もしくは「成功者」という文脈で使う場合には、この②の意味で使うことが多いでしょう。

では、地位や富を得た人は全員、成功者と言えるのでしょうか？　逆に、地位や富を得ていない人は、絶対に成功者とは言えないのでしょうか？

ここで僕が思い出すのは、**「メキシコ人漁師の寓話」**です。ネット上でよく転載されているのでご存知の方も多いと思うのですが、あらためてここでご紹介したいと思います。


メキシコの田舎町。海岸に小さなボートが停泊していた。メキシコ人の漁師が小さな網に魚をとってきた。その魚はなんとも生きがいい。それを見たアメリカ人旅行者は、

「すばらしい魚だね。どれくらいの時間、漁をしていたの？」

と尋ねた。

すると漁師は
「そんなに長い時間じゃないよ」

と答えた。旅行者が
「もっと漁をしていたら、もっと魚がとれたんだろうね。おしいなあ」

と言うと、

漁師は、自分と自分の家族が食べるにはこれで十分だと言った。

「それじゃあ、あまった時間でいったい何をするの？」

と旅行者が聞くと、漁師は、

「日が高くなるまでゆっくり寝て、それから漁に出る。戻ってきたら子供と遊んで、女房とシエスタして。夜になったら友だちと一杯やって、ギターを弾いて、歌をうたって……ああ、これでもう一日終わりだね」

すると旅行者は真面目な顔で漁師に向かってこう言った。

「ハーバード・ビジネス・スクールでＭＢＡを取得した人間として、きみにアドバイスしよう。いいかい、きみは毎日、もっと長い時間、漁をするべきだ。それであまった魚は売る。お金が貯まったら大きな漁船を買う。そうすると漁獲高は上がり、儲けも増える。その儲けで漁船を２隻、３隻と増やしていくんだ。やがて大漁船団ができるまでね。そうしたら仲介人に魚を売るのはやめだ。自前の水産品加工工場を建てて、そこに魚を入れる。

そのころにはきみはこのちっぽけな村を出てメキシコシティに引っ越し、ロサンゼルス、ニューヨークへと進出していくだろう。きみはマンハッタンのオフィスビルから企業の指揮をとるんだ」

漁師は尋ねた。

「そうなるまでにどれくらいかかるのかね？」

「20年、いやおそらく25年でそこまでいくね」

「それからどうなるの？」

「それから？　そのときは本当にすごいことになるよ」

と旅行者はにんまりと笑い、

「今度は株を売却して、きみは億万長者になるのさ」

「それで？」

「そうしたら引退して、海岸近くの小さな村に住んで、日が高くなるまでゆっくり寝て、日中は釣りをしたり、子供と遊んだり、奥さんとシエスタして過ごして、夜になったら友だちと一杯やって、ギターを弾いて、歌をうたって過ごすんだ。どうだい。すばらしいだろう」


言うまでもなくこの話の面白さは、アメリカ人旅行者が示した、「億万長者になったら実現できる理想の生活」が、メキシコ人漁師がふだんから行なっている「現在の日常生活」であったというところでしょう。逆の言い方をすると、メキシコ人漁師は、このアメリカ人旅行者が理想とする生活をすでに手に入れているということになります。

では、地位や富を得ているとは言えないけれど理想の生活を手に入れている、このメキシコ人漁師は成功者ではないのでしょうか？

僕はそんなことはないと思います。

つまり「成功」とは、地位や富の如何によらず、**「理想とする人生を手にしている」**状態のことを指すのではないでしょうか。「理想とする人生」とはたとえば、「したいこと」ができている、「手に入れたいもの」が手に入っている、「なりたいもの」になれている、といったものが考えられます。先ほどのメキシコ人漁師で言えば、「釣りをしたり、子供と遊んだり、奥さんとシエスタして過ごして、夜になったら友だちと一杯やって、ギターを弾いて、歌をうたって過ごす」という「したいこと」が実現できているわけであり、成功を手にしていると言ってよいでしょう。

ただし、ここがややこしいところなのですが、理想とする人生、すなわち「手に入れたいもの」や「なりたいもの」自体が、「地位」や「富」である、という人も多いのではないかと思います。そうした人にとっては、それらを手にできた時が成功と言えるでしょう。

さらに、もしそうしたものが自分の「手に入れたいもの」「なりたいもの」ではない人にとっても、地位や富を持っていれば、自分の「したいこと」や「手に入れたいもの」をかなえる確率を限りなく高めることは否定できないでしょう。ですからその場合においても、地位や富を手にした時、成功に限りなく近づいているという言い方ができると思います。

つまりそういう意味では、狭義の意味で**「地位や富を得ること」**を成功と捉えるのもあながち間違いではないと考えられるのです。

では、僕たちはどうすれば「成功する」＝理想の人生を手にすることができるのでしょうか。まえがきで書いた通り、僕はこの「成功するためのコツ」がどうしても知りたくて、様々な文献を調べてきました。

そこでまずはそれらの文献を引用しながら、これまでに提唱されている「成功する」ための方法に関する研究結果を見ていきたいと思います。

※理屈はいいからとにかく結論だけ知りたい、という人は、54ページの「**【結論】「成功する」にはどうすればいいのか？**」まで飛んでいただいても構いません

調査

「成功する」ための要素を調査する

世の中の自己啓発書には、「成功するためのコツ」がさかんに謳われています。しかしながら僕が見る限り、その9割以上が特に根拠のない、著者の独断と偏見によって書かれたものであるように思います。

個人的に、そうした根拠のないものではなく、科学的根拠のある「成功するコツ」が知りたくて、様々な文献を調べました。以下でご紹介するのは、学術研究者やリサーチの専門家が厳密な統計調査を行なって得られた、「成功者」に関する様々な研究結果です。

ただし、ここで言う「成功者」とは一定の定義に絞ったものではなく、一般論として多くの人が「理想の人生」として描くであろう人生を手にしている人を指しています。具体的には、**「一流の人」「業績を残した人」「億万長者」「権力者」**……などです。

それでは次のページから、これらの研究結果を一つひとつ簡単にレビューしていき、それぞれの研究でどのようなことが明らかにされているのかを見ていきましょう。

「成功者」に関する研究結果一覧

- 一流の人に共通する８つの法則
- 業績を残した人に共通する６つの要素
- 永続的な成功を収めている人の成功要因
- 億万長者になるための８箇条
- 卓越した人の特徴
- 権力者になるための７つの要素
- トッププレイヤーになるための練習方法（「３つのF」）
- 歴史的偉人の共通点

調査① 一流の人に共通する8つの法則

『世界の一流だけが知っている 成功するための8つの法則』（リチャード・セント・ジョン／新潮社）には、「一流の人に共通する8つの法則」が書かれています。

本書の著者であり、マーケティング・コミュニケーション会社を立ち上げた起業家でもあるリチャード・セント・ジョンはある日、飛行機でたまたま隣の席に座った少女から「成功に導いてくれるものはいったい何？」と質問されたことをきっかけに、成功者がどのように成功に至ったのかを研究することを決意します。

そして約10年という年月を費やしてジェフ・ベゾス、ビル・ゲイツ、リチャード・ブランソン、セルゲイ・ブリン、ラリー・ペイジ、マーサ・スチュアートら、あらゆる職業の成功者、有名企業のCEO、著名人、億万長者など、500人以上の一流の人々に直接インタビューを行なって調査し、成功要因ごとに分類してまとめました。

それがこの「一流の人に共通する8つの法則」であり、**「①情熱を注げることをやる」〜「⑧諦めずに粘り強くやりぬく」**までの8項目で構成されています。

かなり広範囲な調査と緻密な分析によって得られたこの8つの成功法則は、非常に信憑性が高く、資料的価値も高いと言ってよいでしょう。

「一流の人に共通する８つの法則」

①情熱を注げることをやる

②懸命に働く

③1つのことに集中する

④自分を奮起させる

⑤アイデアを生み出す

⑥改善を続ける

⑦人のために価値のあることをする

⑧諦めずに粘り強くやりぬく

※出所：『世界の一流だけが知っている　成功するための８つの法則』
（リチャード・セント・ジョン）

調査② 業績を残した人に共通する6つの要素

『成功者たち 米国ビジネス界のピーク・パフォーマーズ』（チャールズ・ガーフィールド／平凡社）には、「業績を残した人に共通する6つの要素」が書かれています。

本書の著者であるチャールズ・ガーフィールド博士は、コンピューター科学者としてアポロ11号月面着陸プロジェクトに従事したのをきっかけに、300人を超える「優れた業績を残した人」や「目覚ましい活躍をした人」（本書ではこれらの意味を総称して「ピーク・パフォーマー」と呼びます）にインタビュー調査などを実施し、彼らに共通する要素を突き止めるに至ります。

そしてその研究結果がこの「業績を残した人に共通する6つの要素」であり、**「①動機づけとなる使命」「②成果を上げる努力」「③自己鍛錬」「④チーム・ビルディングとチーム・プレー」「⑤軌道修正」「⑥変化への対応」**という6項目で構成されています。

先の「一流の人に共通する8つの法則」と比較すると、「動機づけとなる使命」「軌道修正」といった項目が、「一流の人に共通する8つの法則」における「情熱を注げることをやる」「改善を続ける」などの項目と概念的に近いと考えられる一方で、「自己鍛錬」「チーム・ビルディングとチーム・プレー」など他の研究結果にはない項目も散見されます。

「業績を残した人に共通する6つの要素

①動機づけとなる使命を持つ

②一歩一歩着実に成果を上げる努力をする

③自己鍛錬を通して自己をマネジメントする

④チーム・ビルディングとチーム・プレーを行なう

⑤間違ったらためらわずに軌道修正を行なう

⑥変化に対応し、マネジメントする

※出所：『成功者たち　米国ビジネス界のピーク・パフォーマーズ』（チャールズ・ガーフィールド）

調査③　永続的な成功を収めている人の成功要因

『ビジョナリー・ピープル』（ジェリー・ポラスほか／英治出版）には、「永続的な成功を収めている人の成功要因」が書かれています。

本書では、永続的な成功を収めている人、すなわち自分自身の成功を定義して最低20年以上その分野で長く続く影響を与えられるようになった人（ネルソン・マンデラ、ダライ・ラマ、ジミー・カーター、リチャード・ブランソン、ビル・ゲイツ、スティーブ・ジョブズ、ヨーヨー・マ、U2のボノなど）を「ビジョナリー・ピープル」と呼び、彼らの成功要因を究明しています。

それが「永続的な成功を収めている人の成功要因」であり、「意義」「思考スタイル」「行動スタイル」の面から、**「自分の好きなことや生きがいに情熱を傾ける」**～**「自分の夢に共感する人を結集させる」**という特徴を指摘しています。

他の研究結果と比べると、「好きなことや生きがいに情熱を傾ける」や「大義を持っている」「失敗を失敗で終わらせず、次に繋げる」などが、「一流の人に共通する8つの法則」の「情熱が注げることをやる」や、「業績を残した人に共通する6つの要素」の「動機づけとなる使命」「間違えたら軌道修正する」などと類似していることがわかります。

「永続的な成功を収めている人の成功要因」

【意義】
・自分の好きなことや生きがいにひたすら情熱を傾けている

【思考スタイル】
・世界を変えよう、良くしようという大義を持っている
・失敗を失敗で終わらせず、そこから学習して次に繋げる
・弱点は克服せず、うまく付き合い、時には利用する

【行動スタイル】
・BHAG（冒険的な目標）を掲げ、その達成に命を懸ける
・論争や対立を恐れず、それを通してより良いアイデアを生み出す
・自分の夢に共感してくれる人を結集させる

※出所：『ビジョナリー・ピープル』（ジェリー・ポラスほか）

調査④　億万長者になるための8箇条

『なぜ、この人たちは金持ちになったのか』（トマス・J・スタンリー／日本経済新聞出版社）には、「億万長者になるための8箇条」が書かれています。

本書の著者であるトマス・J・スタンリー教授はアメリカ全土で純資産100万ドル以上の億万長者を対象に調査を行ない、「家具や靴を修理して使い続ける」「エアコンは弱くして電気代を浮かす」「積極的に割引クーポンを使う」「日用品を大型ディスカウントストアでまとめ買いする」といった、彼らの意外な生活実態を明らかにしました。

それらを踏まえて教授が提唱したのがこの「億万長者になるための8箇条」であり、**「①人一倍の努力、誠実さ。仕事への情熱」〜「⑧バランスのとれたライフスタイル。家族や友人との交流はあまり費用がかからない」**までの8項目で構成されています。

このうち、⑥〜⑧は前述のような徹底した倹約の心得を述べているのに対して、①〜④を見ると、「人一倍の努力」「成功への意欲」「失敗の克服」「愛着を覚える職業」など、他の研究結果とも共通するような概念が散見されます。

ちなみに、同教授の著書である『**となりの億万長者**』（早川書房）には、「資産家になるための7つの法則」が提唱されていますが、似たような内容のためここでは割愛します。

「億万長者になるための8箇条」

①人一倍の努力、誠実さ。仕事への情熱。
②学業成績が凡庸だからといって成功への意欲を失わない。
③多少の経済的リスクを背負う勇気を持ち、失敗しても克服する方法を学ぶ。
④ユニークで高収益というだけでなく、心から愛着を覚える職業を選ぶ。
⑤伴侶の選択は慎重に。成功の助けになる特質を持った相手を選ぶ。
⑥家計支出をコントロールする。買い替えよりも修理。
⑦家を選ぶときは充分に調査研究し、値引き交渉。
⑧バランスのとれたライフスタイル。家族や友人との交流はあまり費用がかからない。

※出所：『なぜ、この人たちは金持ちになったのか』（トマス J. スタンリー）

調査⑤　卓越した人の特徴

『ポジティブ心理学入門』（クリストファー・ピーターソン／春秋社）には、「卓越した人の特徴」が引用されています。

アメリカの政治学者であるチャールズ・マレイは、様々な分野で「卓越した人」の、百科事典などで費やされた紙面の量で卓越性を数量化し、その要因を分析しました。

その結果がこの「卓越した人の特徴」であり、**「博学者。1分野に絞る」「勤勉さ。長時間費やす」「良き指導者の存在」「適切な時に適切な場所に居合わせる」「超越的な目的、自分の効力感」**などで構成されています。

他の研究結果と比べると、「1分野に絞る」は、「一流の人に共通する8つの法則」にあった「1つのことに集中する」と類似します。また「勤勉さ。長い時間を費やす」は、「一流の人に共通する8つの法則」の「懸命に働く」や、「億万長者になるための8箇条」の「人一倍の努力」とも共通する見解です。

さらに、「超越的な目的、自分の効力感」は、「永続的な成功を収めている人の成功要因」の中の「大義」、「業績を残した人に共通する要素」の中の「使命」という概念と類似しています。

「卓越した人の特徴」

・博学者。異なるスキルが必要とされる2つ以上の分野で卓越している人は珍しい。（多くは1分野）

・勤勉さは重要。最も優秀な人は、ただ優秀な人に比べて長い時間を費やしている。

・良き指導者は大切な存在である。

・適切なときに、適切な場所に居合わせることは有益である。

・人生には超越的な目的があると信じている文化、または人々が自分の効力感を信じている文化で生じる。

※出所：『ポジティブ心理学入門』（クリストファー・ピーターソン）

調査⑥　権力者になるための7つの要素

『権力を握る人の法則』（ジェフェリー・フェファー／日本経済新聞出版社）には、「権力者になるための7つの要素」が書かれています。

本書の著者、ジェフェリー・フェファーは、先行研究や組織内政治、経営者の経歴分析、ビジネスリーダー数百人の観察などを通じ、権力者について徹底的な研究を行ないました。

その研究結果が、この「権力者になるための7つの要素」であり、**「①決意」「②エネルギー」「③集中」「④自己省察」「⑤自信」「⑥共感力」「⑦闘争心」**で構成されています。

これも内容を見ると他の研究結果と共通する部分が多く、たとえば「①絶対に大成するぞ、という強い決意」は、「億万長者になるための8箇条」の「成功への意欲」や、「優れた業績を残した人に共通する要素」の「動機づけとなる使命」と類似しています。

同じように、「②エネルギーと時間を費やす」は、「卓越した人の特徴」における「長い時間を費やしている」や『天才！成功する人々の法則』（マルコム・グラッドウェル／講談社）で提唱された、有名な**「1万時間の法則」**の見解とも一致します。

さらに「③1業種や1企業、1つの職務やスキルに的を絞る」は、「一流の人に共通する8つの法則」の「1つのことに集中する」と共通しています。

「権力者になるための７つの要素」

①決意：絶対に大成するぞ、という強い決意

②エネルギー：エネルギーと時間を費やせば成功確率は上がる

③集中：1業種や1企業、1つの職務やスキルに的を絞ってキャリアを形成する

④自己省察：重要な会議や心に残る話を聞いたら必ずノートにとる

⑤自信：権力者は自信たっぷりに振る舞う人が多い

⑥共感力：交渉の場では相手の視点でものを考える

⑦闘争心：暴言や圧力は時に有効である

※出所：『権力を握る人の法則』（ジェフェリー・フェファー）

調査⑦ トッププレイヤーになるための練習方法（「3つのF」）

『超一流になるのは才能か努力か？』（アンダース・エリクソン／文藝春秋）には、「トッププレイヤーになるための練習法」（「3つのF」）が書かれています。

本書の著者であるアンダース・エリクソン教授らは、チェス、バイオリン、テニス、数学など、世界のトッププレーヤーを30年間にわたって研究し、超一流になるための練習プログラムとして、「限界的練習」という概念を提唱しました。

「限界的練習」は、講師やコーチによって設計・監督されることを前提とした練習方法であり、コンフォート・ゾーンを超える課題設計、明確に定義された具体的な目標設定、フィードバックとそれによる修正、心的イメージの開発などを特徴としています。

そして講師やコーチがいない場合の効果的な練習方法として教授が挙げているのがこの「3つのF」で、**「Focus」「Feedback」「Fix」**の頭文字をとったものです。

他の研究結果と比べると、「Focus」は「権力者になるための7つの要素」の「集中」、「卓越した人の特徴」の「1分野に絞る」と共通しており、「Feedback」「Fix」に関しても、「業績を残した人に共通する要素」の「軌道修正」、「永続的な成功を収めている人の成功要因」の「失敗の克服」などの概念と類似します。

「トッププレイヤーになるための練習方法」（3つのF）

- 「Focus」：1つのプロセスに集中して取り組む
- 「Feedback」：結果・反応がどうだったかを分析する
- 「Fix」：問題があったところを修正する

※出所：『超一流になるのは才能か努力か？』（アンダース・エリクソン）

調査⑧　歴史的偉人の共通点

『やり抜く力 GRIT（グリット）』（アンジェラ・ダックワース／ダイヤモンド社）には、「歴史的偉人の共通点」が引用されています。

スタンフォード大学の心理学者キャサリン・コックスは、偉業を成し遂げた詩人・政治家・宗教家・科学者・軍人・哲学者・芸術家・音楽家など301名を調べました。

その結果わかったのがこの「歴史的偉人の共通点」であり、**「①長期的目標に向けて努力している」「②いったん取り組んだことはやめない」「③意志力の強さ、粘り強さ」「④障害にぶつかってもあきらめない」**の4つから構成されています。

このうち、「①長期的目標」に関しては、「永続的な成功を収めている人の成功要因」の「BHAG（冒険的な目標）」や「卓越した人の特徴」の「超越的な目的」と類似します。

また「②いったん取り組んだことをやめない」は、「権力者になるための7つの要素」の「集中」という概念と共通しています。

さらに、「③いったん目標を決めたら守り抜く」や「④障害にぶつかってもあきらめない」は、「一流の人に共通する8つの法則」の「諦めずに粘り強くやりぬく」や、「億万長者になるための8箇条」の「失敗しても克服する」と酷似しています。

「歴史的偉人の共通点」

①長期的目標を視野に入れて努力している。晩年への備えを怠らない。明確な目標に向かって努力している

②いったん取り組んだことは気まぐれにやめない。気分転換に目新しさを求めて新しいものに飛びつかない

③意志力の強さ、粘り強さ。いったん目標を決めたら守り抜こうと心に誓っている

④障害にぶつかってもあきらめずに取り組む。粘り強さ。根気強さ。辛抱強さ

※出所：『やり抜く力 GRIT （グリット）』（アンジェラ・ダックワース）

「成功する」ためのキーファクターを分析する

ここまで様々な「成功者研究」の結果をレビューしてきました。すでに各所で指摘してきたように、これらの研究結果にはいくつかの共通的な概念がありました。

ここではそれらをあらためて整理してみたいと思います。

成功するための7つの要因

左記の図表は、縦軸に各種の「成功者研究の結果」を、横軸に「共通する要素」を置き、プロットしたものです。ご覧いただくとわかるように、成功者になるために必要な要素として、**「使命・目的・目標」「好き・情熱」「意欲・熱意・決意」「勤勉・努力・時間」「改善・軌道修正」「フォーカス・一点集中」「やり抜く・諦めない」**という7つの因子を抽出することができます。

成功者研究結果の共通要素

研究	研究結果	共通する要素：使命・目的・目標	好き・情熱	意欲・熱意・決意	勤勉・努力・時間	改善・軌道修正	フォーカス・一点集中	やりぬく・諦めない
一流の人に共通する8つの法則	①情熱を注げることをやる		○					
	②懸命に働く				○			
	③1つのことに集中する						○	
	④自分を奮起させる							
	⑤アイデアを生み出す							
	⑥改善を続ける					○		
	⑦人のために価値のあることをする							
	⑧諦めずに粘り強くやりぬく							○
業績を残した人に共通する6つの要素	①動機づけとなる使命を持つ	○		○				
	②一歩一歩着実に成果を上げる努力をする				○			
	③自己鍛錬を通して自己をマネジメントする							
	④チーム・ビルディングとチーム・プレーを行なう							
	⑤間違ったらためらわずに軌道修正を行なう					○		
	⑥変化に対応し、マネジメントする					○		
永続的な成功を収めている人の成功要因	・自分の好きなことや自分の生きがいにひたすら情熱を傾けている	○	○					
	・世界を変えよう、良くしようという大義を持っている	○		○				
	・失敗を失敗で終わらせず、そこから学習して次に繋げる							○
	・弱点は克服せず、うまく付き合い、時には利用する							
	・BHAG（冒険的な目標）を設定し、その達成に命を賭ける	○						
	・論争や対立を恐れず、それを通してより良いアイデアを生み出す							
	・自分の夢に共感してくれる人を結集させる							
億万長者になるための8箇条	①人一倍の努力、誠実さ。仕事への情熱。		○		○			
	②学業成績が凡庸だからといって成功への意欲を失わない。			○				
	③多少の経済的リスクを背負う勇気を持ち、失敗しても克服する方法を学ぶ。							○
	④ユニークで高収益というだけでなく、心から愛着を覚える職業を選ぶ。		○					
	⑤伴侶の選択は慎重に。成功の助けになる特質を持った相手を選ぶ。							
	⑥家計支出をコントロールする。買い替えよりも修理。							
	⑦家を選ぶときは充分に調査研究し、値引き交渉。							
	⑧バランスのとれたライフスタイル。家族や友人との交流はあまり費用がかからない。							
卓越した人の特徴	・博学者。異なるスキルが必要とされる2つ以上の分野で卓越している人は珍しい。（多くは1分野）						○	
	・勤勉さは重要。最も優秀な人は、ただ優秀な人に比べて長い時間を費やしている。				○			
	・良き指導者は大切な存在である。							
	・適切なときに、適切な場所に居合わせることは有益である。							
	・人生には超越的な目的があると信じている文化、または人々が自分の効力感を信じている文化で生じる。	○						
権力者になるための7つの要素	①決意：絶対に大成するぞ、という強い決意			○				
	②エネルギー：エネルギーと時間を費やせば成功確率は上がる				○			
	③集中：1業種や1企業、1つの職務やスキルに的を絞ってキャリアを形成する						○	
	④自己省察：重要な会議や心に残る話を聞いたら必ずノートにとる							
	⑤自信：権力者は自信たっぷりに振る舞う人が多い							
	⑥共感力：交渉の場では相手の視点でものを考える							
	⑦闘争心：暴言や圧力は時に友好である							
トッププレイヤーになるための練習方法（3つのF）	・「Focus」：集中して取り組む						○	
	・「Feedback」：フィードバックを受ける							
	・「Fix」：問題があるところを直す					○		
歴史的偉人の共通点	①長期的目標を視野に入れて努力している。晩年への備えを怠らない。明確な目標に向かって努力している	○			○			
	②いったん取り組んだことをは気まぐれにやめない。気分転換に目新しさを求めて新しいものに飛びつかない						○	
	③意志力の強さ、粘り強さ。いったん目標を決めたら守り抜こうと心に誓っている							○
	④障害にぶつかってもあきらめずに取り組む。粘り強さ。根気強さ。辛抱強さ							○
	合計	6	4	4	6	4	5	5

これをもう少しわかりやすく文章に起こすと、成功するための要因は以下の７つに集約されると言ってよいでしょう。

①人生の目的や目標を定める
②好きなことに情熱を傾ける
③熱意や意欲を持ち続ける
④時間と労力を注ぎ込む
⑤問題が起きたら改善する
⑥一つに集中して取り組む
⑦失敗しても諦めずやり抜く

このうち、①〜③は主に意識面に関する項目です。人生の目的や目標を定め、好きなことに情熱を傾け、その熱意を持ち続ければ、成果が出やすいでしょう。

これに対して、④〜⑦は主に行動面に関する項目です。時間と労力をかけるほど実績が上がりやすいでしょうし、改善していけばさらに成果が上がるでしょう。そして一点に集中して、諦めずに挑戦し続ければ、いつか大きな成功を生む可能性が高いでしょう。

成功要因の問題点

【7つの成功要因】

①人生の目的や目標を定める
②好きなことに情熱を傾ける
③熱意や意欲を持ち続ける
④時間と労力を注ぎ込む
⑤問題が起きたら改善する
⑥一つに集中して取り組む
⑦失敗しても諦めずやり抜く

【実践に際しての問題点】

①②→人生の目的、目標や好きなことは、どうやったらわかるのか？
③→どうしたら、熱意や意欲を失わないでいられるのか？
④⑤→何に向かって労力を注ぎ、何をもとに改善すればいいのか？
⑥→どれを選んだらいいか悩む場合は、どうしたらいいのか？
⑦→どうしたら、諦めない気持ちを持ち続けられるのか？

どれも言われてみれば当然のことですが、その分、そのいずれもが重要な要素であると考えられます。

「7つの成功要因」に対する問題点

こうして抽出された「7つの成功要因」ですが、では明日からこれらを実践してみようと思うと、はたと困ってしまいます。たとえば、僕が疑問に思うのは以下のような点です。

・人生の目的、目標や好きなことは、どうやったらわかるのか?
・どうしたら、熱意や意欲を失わないでいられるのか?
・何に向かって労力を注ぎ、何をもとに改善すればいいのか?
・どれを選んだらいいか悩む場合は、どうしたらいいのか?
・どうしたら、諦めない気持ちを持ち続けられるのか?

つまり、この「7つの成功要因」を実践に移すための具体的な戦略がわからなければ、こんなものただの絵に描いた餅になってしまうでしょう。

それではどうしたらよいのでしょうか？

結論

「成功する」にはどうすればいいのか？

結論を先に述べてしまうと、僕自身はすでに、1000冊以上の文献などをレビューし、分析・検証した結果、先ほどの疑問に対する答えを出しています。

まず、「人生の目的や好きなことを探り出す」ためには、徹底的な自己分析をする必要があります。具体的には、第2章をご参照ください。

次に、「熱意や意欲を持ち続ける」ためには、夢がかなうことを願い、心から信じ続けるという方法が有効です。これは第3章で詳しく説明します。

また、「労力を注ぎ、改善していく」には、その目標をはっきりさせ、達成のために労力を注ぎ、改善を重ねていく必要があるでしょう。これは第4章で詳しく説明します。

さらに、「どれを選んだらいいか悩む」という場合には、悩みの内容を明確にして、適切に問題解決を図ることが肝要です。これは、第5章をご参照ください。

問題点を解決する5つの戦略

【実践に際しての問題点】

人生の目的、目標や好きなことは、どうやったらわかるのか？

どうしたら、熱意や意欲を失わないでいられるのか？

何に向かって労力を注ぎ、何をもとに改善すればいいのか？

どれを選んだらいいか悩む場合は、どうしたらいいのか？

どうしたら、諦めない気持ちを持ち続けられるのか？

【実践するための5つの戦略】

①自己分析をして、やりたいことを導き出す

②夢がかなうことを願い、心から信じ続ける

③目標達成のための計画を作り、実行する

④悩みの内容を明確にし、問題解決を図る

⑤折れない心を持ち、落ち込んでも立ち直る

最後に、「諦めない気持ちを持ち続ける」ためには、簡単に折れない強い心を持ち、落ち込んでも立ち直るという姿勢が求められます。具体的には、第6章をご参照ください。

以上をまとめると、以下の5つが成功するための基本戦略になると言ってよいでしょう。

①自己分析をして、やりたいことを導き出す （↓第2章参照）
②夢がかなうことを願い、心から信じ続ける （↓第3章参照）
③目標達成のための計画を作り、実行する （↓第4章参照）
④悩みの内容を明確にし、問題解決を図る （↓第5章参照）
⑤折れない心を持ち、落ち込んでも立ち直る （↓第6章参照）

そして各章の中でさらに、これらの戦略に関して具体的な手法をレビューし、実際に僕自身が検証した結果を述べ、最終的にどうすればいいかという結論を出しています。

つまり、第2章以降を読むことで、「成功する」ための具体的な手法を知ることができますので、このまま読み進めていただければと思います。

ただし、途中経過はまだるっこしい、結論だけ知りたい、という方は、各章の「結論」というページをご覧になっていただければ最終的な結論だけが載っていますので、ご活用ください。

第1章のまとめ

1 **成功とは、自分が描く「理想の人生」を実現することである。**

——ただし、「理想の人生」の中身は、人によって異なる。

2 **成功を収めるための要因は次の7つである。**

——「目的」「情熱」「熱意」「努力」「改善」「集中」「不屈」。

3 **次の戦略を実行することで、成功を手にすることができる。**

——自己分析をして、夢がかなうと信じ、目標達成計画を作って実行し、悩みを解決し、落ち込んでも立ち直る。

第2章

「やりたいことを見つける」にはどうすればいいのか？

YARITAI
KOTOWO
MITSUKERU
NIHA
DOU
SUREBA
IINOKA?

序論

「やりたいことを見つける」とは？

本章では、成功を得るための1つ目の戦略、「**自己分析をして、やりたいことを導き出す**」ための方法論について見ていきます。

実は意外なことに、自己啓発書の長い歴史の中で、この「やりたいことを見つける」ということをメインテーマとして書かれた書籍はそれほど多くありません。その理由は、たとえば「夢をかなえる」（第3章参照）とか「目標を達成する」（第4章参照）などと違って、自分のやりたいことを見つけるための方法論が類型化しにくいからかもしれません。

僕は仕事柄、起業家の方やクリエイターの方など、個人で事業をされている方とお会いする機会が多いのですが、彼らに「どこで今の仕事が本当にやりたいことだと気づいたのですか？」と尋ねても答えは千差万別で、「幼いころからぼんやりと描いていた」という方もいらっしゃれば、「海外旅行でたまたま立ち寄った国で運命に目覚めた」という方、「若いころに担任の先生に言われた一言で決めた」という方、あるいは「これが自分の本当にやりたいことなのかはいまだにわからない」と答える方もいらっしゃいます。

ですから極論を言うと、「やりたいことを見つけるには？」という疑問に対する答えは、「運命に身を任せるしかない」「どんな体験がきっかけになるかはわからない」ということが正解なのかもしれません。ただ、それではいつになったらその瞬間が訪れるかわかりません。極論、死ぬ間際にその瞬間がやってくる可能性だってあるのかもしれません。

けれども僕だったら、その瞬間をただじっと待っているのは死んでもイヤです。たとえ無理矢理だとしても、自分で自分の心を探ることで、すでに自分は持っているであろう答えのカケラでも知りたいと思うのです。

というわけで、何とかして自分のやりたいことを見つけるための自己分析手法を知りたくて、様々な文献を調べました。

まずはそれらの文献を引用しながら、これまでに提唱されている「やりたいことを見つける」ための手法（ここでは**「自己分析手法」**と呼称します）を見ていきたいと思います。

※理屈はいいからとにかく結論だけ知りたい、という人は、１０７ページの「**【結論】「やりたいことを見つける」にはどうすればいいのか？**」まで飛んでいただいても構いません

「やりたいことを見つける」ための手法を調査する

ではここからは、具体的な手法について見ていきたいと思います。

過去の様々な文献を紐解いてみると、「やりたいことを見つける」ための様々な手法＝「自己分析手法」は大きく分けて、次の4つの観点の分析に分類することができます。

- ・「喜びを感じること」に関する分析（以後、「情熱分析」と呼称します）
- ・「得意だと思うこと」に関する分析（以後、「才能分析」と呼称します）
- ・「意義を感じること」に関する分析（以後、「意義分析」と呼称します）
- ・「価値があると思うこと」に関する分析（以後、「価値観分析」と呼称します）

これから見ていただく手法の中で言うと、「自分の才能を見分ける8つのチェックリス

「自己分析手法」の分析視点

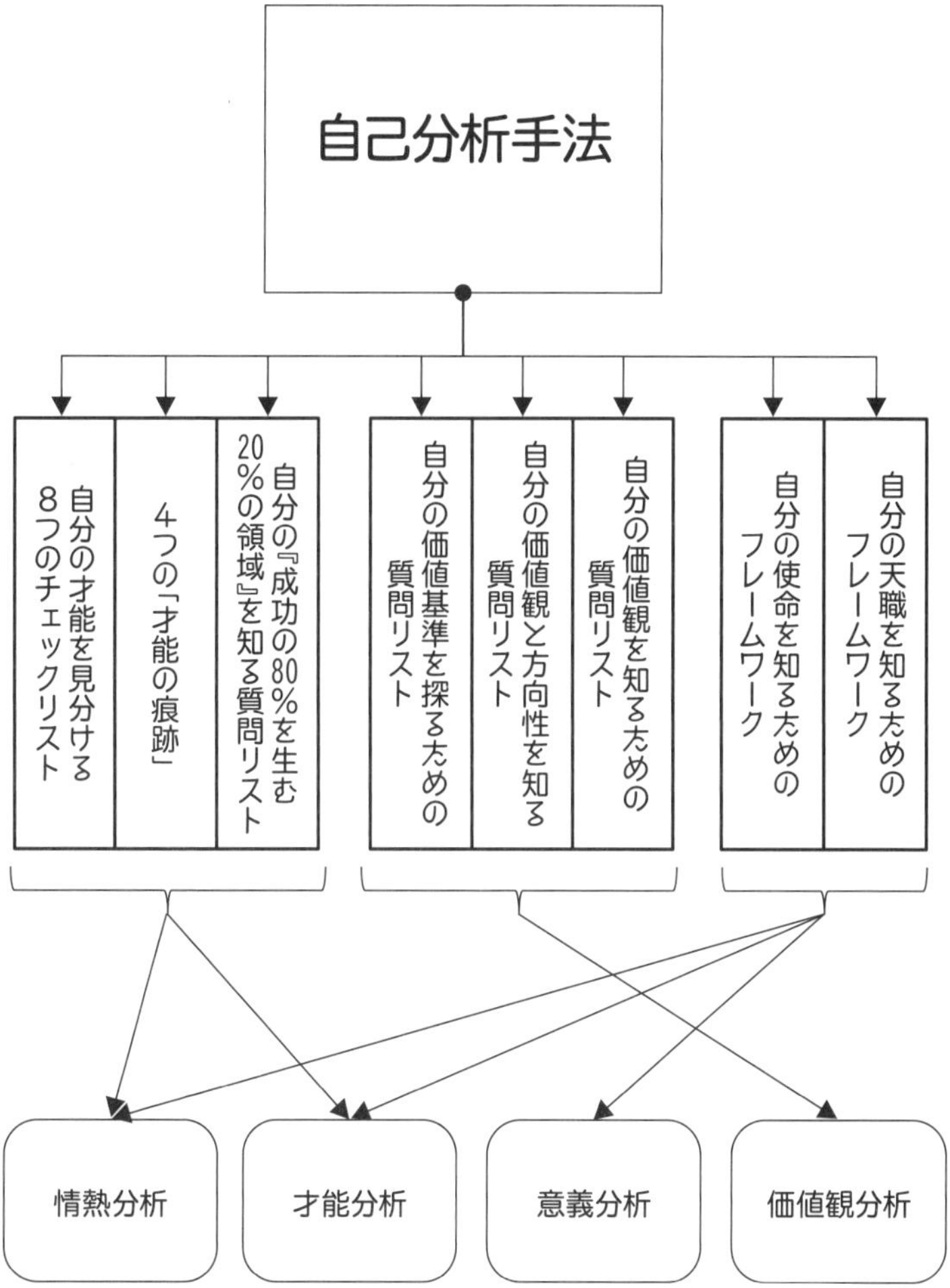
自己分析手法
自分の才能を見分ける8つのチェックリスト
4つの「才能の痕跡」
自分の『成功の80%を生む20%の領域』を知る質問リスト
自分の価値基準を探るための質問リスト
自分の価値観と方向性を知る質問リスト
自分の価値観を知るための質問リスト
自分の使命を知るためのフレームワーク
自分の天職を知るためのフレームワーク
情熱分析
才能分析
意義分析
価値観分析

ト」や「4つの『才能の痕跡』」、「自分の『成功の80%を生む20%の領域』を知る質問リスト」には、**「情熱分析」「才能分析」の2つの観点が含まれています。**

また「自分の価値基準を探るための質問リスト」「自分の価値観と方向性を知る質問リスト」「自分の価値観を知るための質問リスト」などは、**主に「価値観分析」の視点に特化した分析手法です。**

これに対して「自分の使命を知るためのフレームワーク」と「自分の天職を知るためのフレームワーク」は、**「情熱分析」「才能分析」「意義分析」という3つの視点が含まれています。**

そしてさらに各手法の中身に着目してみると、**各手法の多くが「質問リスト」や「チェックリスト」でできている**ということに気づかされます。

これらは先ほどの4つの分析をするためにブレイクダウンされた質問項目であり、自分の心の奥底に眠っているであろう「自分のやりたいこと」を探り出すには、自分に様々な質問を投げかけて、それらに対する回答の中から、自分が「喜びを感じること」や、「得意だと思うこと」や、「意義を感じること」「価値があると思うこと」を抽出していくしかないということなのでしょう。

それでは次のページから、個別の手法の内容を一つひとつ簡単にレビューしていきたいと思います。

調査①　自分の才能を見分ける8つのチェックリスト

はじめに、『ゴール　最速で成果が上がる21ステップ』（ブライアン・トレーシー／ＰＨＰ研究所）に出てくる分析手法を見ていきましょう。

本書は、一生かけて達成することを数ヵ月で成し遂げて人生の勝者になるシステムについて述べられたもので、著者のブライアン・トレーシーは人材養成ビジネス会社を経営して、これまでにフォーチュン５００社に入る有力企業の２００社以上に関わっており、全米でトップ５に数えられる有能な講演家としても知られています。

トレーシーは、このチェックリストを使うことで、自分だけの特別な才能を見つけ、自分が向いているかどうかを見分けることができると述べており、今やっていることや過去にやったことのあることの中に、この条件がすべて当てはまるものがあれば、それこそが自分を唯一無二の存在にしてくれるとしています。

特筆すべきは、このリストの中に「うまくできるもの」「ほめられることが多いもの」といった「得意なこと」に関する観点だけでなく、「満ち足りるもの」「夢中になれるもの」など、「喜びを感じること」に該当する観点が含まれているという点です。つまりここでは、**「喜びを感じること」も「才能」の一部と考えられている**ことがわかります。

「自分の才能を見分ける８つのチェックリスト」

①それをしているときに最高に幸せで満ち足りるもの。

②うまくできるもの。

③それをしているのが楽しいし、ほめられることも多いもの。

④それを学ぶのが苦ではなく自然と身についたもの。

⑤夢中になれるもの。没頭できるもの。

⑥一生それについて学び、向上し続けたいと思うもの。

⑦それをしていると時間を忘れてしまうもの。

⑧それがうまくできる人を心から尊敬し、憧れてしまうもの。

※出所：『ゴール　最速で成果が上がる21ステップ』（ブライアン・トレーシー）

調査②　4つの『才能の痕跡』

次に、『さあ、才能（じぶん）に目覚めよう』（マーカス・バッキンガムほか／日本経済新聞出版社）に出てくる分析手法を見ていきましょう。

本書は、計200万人以上の有職者にインタビューをし、分析して類別した「34の強み」について紹介した1冊です。共著者のマーカス・バッキンガムはギャラップ社で17年間、世界トップレベルの職場やリーダーやマネージャーの調査に当たってきました。

この「34の強み」に関しては、本書を購入してWEBサイトにアクセスコードを入力すると実際の自分の強みを特定してくれるようになっており、一般的には「ストレングスファインダー」という名称で知られています。

そして本書の中では、この才能の「痕跡」を見出すことができる4つの指標について述べられています。それが、**「①無意識の反応」「②切望度の高さ」「③修得の速さ」「④満足感の高さ」**という4つです。

こちらも「自分の才能を見分ける8つのチェックリスト」と同様、この中に「②切望度の高さ」（＝「したいこと」）や「④満足感の高さ」（＝「楽しいこと」）という観点が含まれており、**「喜び」が「才能」に包含されている**ことがわかります。

「４つの『才能の痕跡』」

① 無意識の反応
極度の緊張状態におかれた時に、どんな反応をしたか？

② 切望度の高さ
たとえば子供のころに夢中になった経験や、他の人からは何が楽しいのかわからないけど、自分はそれがしたくてたまらないことは何か？

③ 修得の速さ
ある行為を始めた途端に、突然才能を発揮し、他の誰もついていけないスピードで成長していく分野はないか？

④ 満足感の高さ
たとえば「これはいつ終わるんだろう」ではなく、「これを次はいつできるだろう」と考えているようなことはないか？

※出所：『さあ、才能(じぶん)に目覚めよう』（マーカス・バッキンガム）ほか

調査③　自分の『成功の80％を生む20％の領域』を知る質問リスト

次に、『人生を変える80対20の法則』（リチャード・コッチ／CCCメディアハウス）に出てくる分析手法を見ていきましょう。

「80対20の法則」とは、「結果の80％は原因の20％から生じる」という経験則を指し、特にビジネスシーンでは「売上や利益の80％を占めるのは、20％の製品であり、20％の顧客である」ということがよく知られています。

本書の著者、リチャード・コッチは起業家、投資家であり、数多くの企業のアドバイザーを務める経営コンサルタントですが、彼は本書の中で、この法則は人生にも応用することができることを指摘しています。すなわち、人生における「成功の80％」も人生の中の「20％の領域」で生まれており、その「20％の領域」を特定するためには、この質問リストにある観点で考えていくとよいということです。

これらの質問リストを見ると、やはり「嬉しいと思うこと」「楽しいと思うこと」といった「喜びを感じること」寄りの質問と、「賞賛につながったもの」「うまくいったこと」「得意とするもの」といった「得意なこと」寄りの質問の両方が含まれていることがわかります。すなわち、**「才能分析」と「情熱分析」は不可分である**ことが推測されます。

「自分の『成功の80%を生む20%の領域』を知る質問リスト」

- 多くの人から拍手喝采を浴びたものは何か。自分が勝ち得た賞賛の80%につながった仕事や遊びの20%は何か。
- 大した努力もせずに、驚くほどうまくいったことがなかったか。
- これができたら最高に嬉しいと思うことは何か。自分には簡単にできるが他人には簡単にできないことは何か。
- 楽しさや得意度を測定できるとして、仲間の95%より自分が楽しいと思うことは何か。仲間の95%より自分が得意とするものは何か。

※出所：『人生を変える80対20の法則』（リチャード・コッチ）

調査④　自分の価値基準を探るための質問リスト

次に、『成功と幸せのための4つのエネルギー管理術』（ジム・レーヤー／CCCメディアハウス）に出てくる分析手法を見ていきましょう。

本書は「身体」「情動」「頭脳」「精神」という4つのエネルギーをうまく管理することで、あらゆるパフォーマンスが飛躍的に高まることを説いた1冊です。本書の著者、ジム・レーヤーはスポーツ心理学の権威で、メンタル・タフネスのトレーニングシステムを開発し、マルチナ・ナブラチロワ、モニカ・セレス、マーク・オメーラら一流のアスリートを指導してきた人物です。その理論は、IBM、メリルリンチ、ハイアット、エスティローダー、シティグループなど一流企業から高い評価を得ています。

本書の中でレーヤーは、**「人生で学んだこととその理由」「尊敬する人とすばらしいと思う点」「いいところを発揮している時の自分」「墓石に刻んでほしい文章」**などを考えることで自分の一番大事にしている価値基準を知ることができるとしています。

このうち、「墓石に刻んでほしい文章」は別名「墓石テスト」とも言われ、自分の人生の終焉から逆算することで自分が最も大切にしていることを特定できる、非常に有効な思考実験であるとされています。

「自分の価値基準を探るための質問リスト」

・あなたが人生で学んだ最も大事なこと（子供たちに伝えたいこと）を3つ挙げてください。また、その理由を挙げてください。

・あなたが心から尊敬する人は誰ですか。その人について、あなたが最もすばらしいと思う点を3つ挙げてください。

・自分のいいところを100%発揮しているときのあなたは、どんな人ですか。

・人生におけるあなたの真の姿が墓石に一文で刻み込まれるとしたら、あなたはどんな文章が刻まれることを期待しますか。

※出所：「成功と幸せのための4つのエネルギー管理術」（ジム・レーヤー）

調査⑤　自分の価値観と方向性を知る質問リスト

次に、『7つの習慣』（スティーブン・R・コヴィー／キングベアー出版）に出てくる分析手法を見ていきましょう。

本書は、公的成功と私的成功をもたらすための7つの習慣を解説した、世界で最も著名な自己啓発書の1つであり、全世界合わせて2000万部以上を売り上げ、44ヵ国語に翻訳されているとされています。著者のスティーブン・R・コヴィーは、ハーバード・ビジネス・スクールでMBAを取得し、ブリガムヤング大学で、学長補佐、および経営管理と組織行動学の教授を務めたのち、フランクリン・コヴィー社を創設し、世界各国の政府や企業経営者に対してコンサルティングを行ないました。

コヴィーによれば、人生を「目的を持って始める」ためには、人生の最期の姿を描き、それを念頭において今日という1日を始めることが必要であり、具体的には**「自分の葬儀でかけられたい言葉」**や**「葬儀で見てもらいたい貢献や業績」**などを考えることで自分の価値観を知ることができるとしています。

これも先ほどの「墓石に刻んでほしい文章」と同じく、自分の人生の終焉からさかのぼることで大切にしていることを特定できる、有効な思考実験となっています。

「自分の価値観と方向性を知る質問リスト」

・自分の葬儀が行われるとして、集まってくれた人から、あなたの人生について何と言ってほしいか？　彼らの言葉から、どんな夫、妻、父、母、息子、娘、友人、同僚だったと言ってほしいか？

・自分の葬儀の際に、みんなに自分の人格のどういうところを見てほしかったのか？　どういう貢献や業績を覚えてほしいのか？　彼らの人生にどういう影響を及ぼしたかったのか？

※出所：『7つの習慣』（スティーブン・R.・コヴィー）

調査⑥　自分の価値観を知るための質問リスト

次に、『ワクワクする仕事をしていれば、自然とお金はやってくる』（マーシャ・シネター／VOICE出版）に出てくる分析手法を見ていきましょう。

本書は、お金や成功が自然に流れてくるような、ワクワクできる仕事につくための心理学を詳しく解説した1冊であり、アメリカで100万部を超えるベストセラーになりました。著者のマーシャ・シネターは、カリフォルニア州の公立学校の校長を務めた後、企業経営者のためのコンサルティング活動を開始、組織心理学の立場から企業経営者にアドバイスを与える会社を創立しました。

本書の中でシネターは、左ページのような質問に対する答えをノートに書き出すことによって、自分の大切にしている価値観を特定することができると説いています。

これらの質問リストを見ると、「私を幸せにしてくれるものは？」「どんな思い出が私を喜びで満たしてくれるのか？」など、「情熱分析」寄りの質問も散見される一方で、「私の特徴や性格で一番嬉しい気分になれるものは？」「ベストを尽くしている時の自分とは？」「それを持っている人を賞賛する、トップ5の価値とは？」など、独自の質問項目も見られます。

「自分の価値観を知るための質問リスト」

・私を幸せにしてくれるものは何だろう？ どんな物・行動などが私を幸福で満たし、エネルギッシュでポジティブな気分にさせてくれるだろう？

・どんな思い出が私を喜びで満たしてくれるのか？　過去にしたことのなかで、私を気分よく、ポジティブな状態にしてくれるものは何だろう？ ずっとしたかったのに、成し遂げていないゴールとは何だろう？

・私の特徴や性格のなかで、どれを表現したときに、一番嬉しい気分になれただろうか？　ベストを尽くしている時の自分はどんな種類の人間だろうか？

・それを持っている、またはそれをしている人を賞賛する、トップ5の価値とは何か？

※出所：『ワクワクする仕事をしていれば、自然とお金はやってくる』（マーシャ・シネター）

調査⑦　自分の使命を知るためのフレームワーク

次に、『あなたの人生には使命がある』（アルフォンソ・リナーレス・フェルナンデス／PHP研究所）の中に出てくる分析手法を見ていきましょう。

本書は、「私の人生に託された使命とは何か？」という誰もが抱く人生の根源的な問いにシンプルで明快な答えを提供してくれる1冊です。著者であるアルフォンソ・リナーレス・フェルナンデスは、ベネズエラに生まれ、国立シモン・ボリーバル大学で機械工学を専攻し、いくつかの職業を経験したのち、現在は小さなネット事業を営んでいるとされています。

フェルナンデスは、自分の「使命」とは**「①自らの「情熱」を駆り立てられるもの」「②自らの「才能」を活かせるもの」「③世の中に最大限の「善」を施せるもの」**という3つの基準に当てはまるものであり、さらに「善」とは、**「特定の「活動」を通じて、特定の「益」を、特定の「受益者」にもたらすこと」**と定義づけています。

この「情熱」「才能」「善」こそ、「情熱分析」「才能分析」「意義分析」に相当すると考えられ、「意義」とはすなわち善であり、「特定の活動を通じて、特定の益を、特定の受益者にもたらすこと」と定義されると考えられます。

「自分の使命を知るためのフレームワーク」

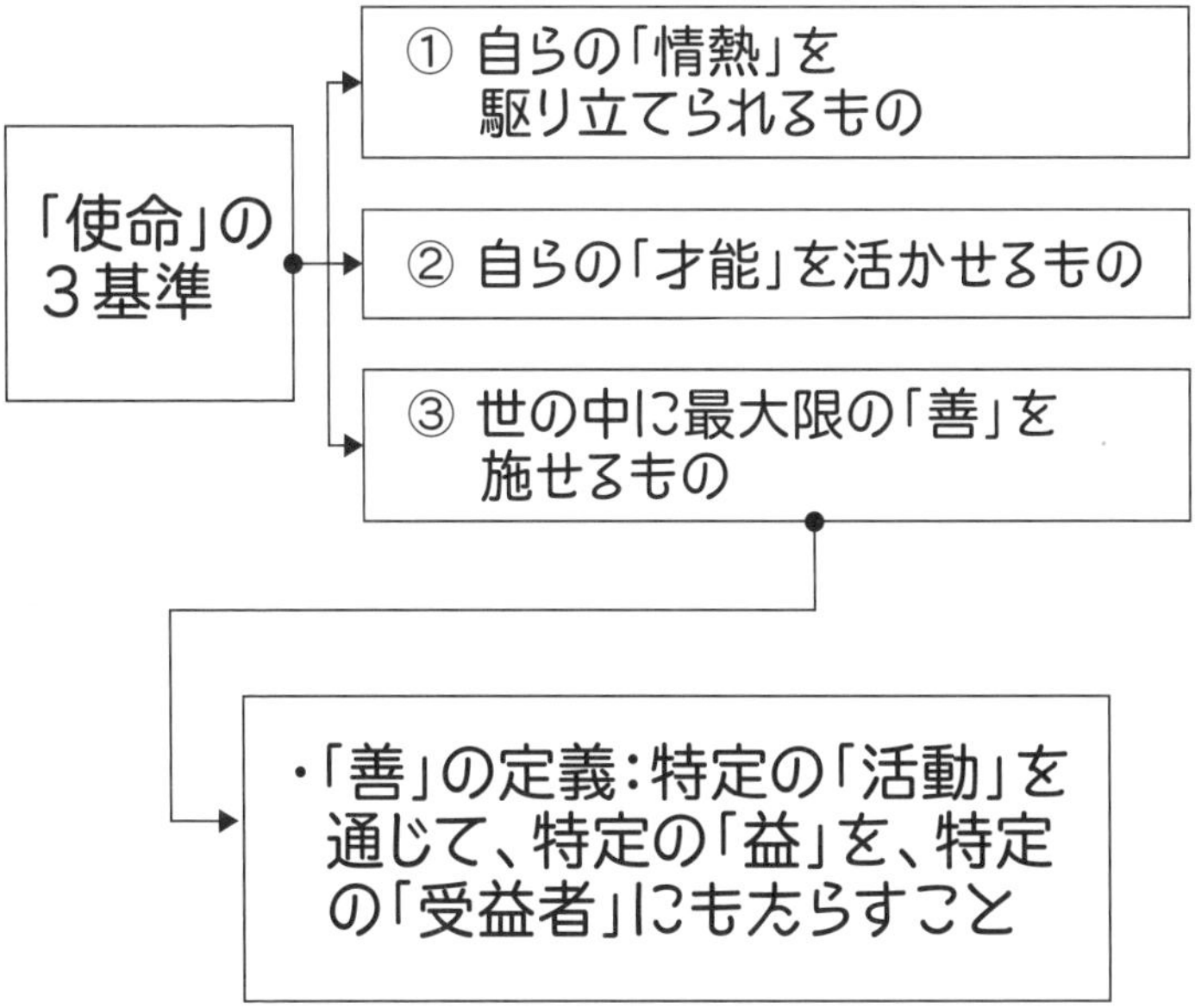

※出所：『あなたの人生には使命がある』（アルフォンソ・リナーレス・フェルナンデス）

調査⑧　自分の天職を知るためのフレームワーク

最後に、『HAPPIER』（タル・ベン・シャハー／幸福の科学出版）に出てくる分析手法を見ていきましょう。

本書は、成功して幸福になる方法をわかりやすく解説した1冊です。著者であるタル・ベン・シャハーは、ハーバード大学で哲学と心理学を学び、組織行動論で博士号を取得。そしてハーバード大学で最も人気のある講師となり、彼の講義には1学期当たり約1400名の学生（全学生の約2割）が殺到したことで知られます。

そしてシャハーによれば、**「自分はどんなことに意義を感じられるのだろう？」「自分は何が得意なのだろう？」「自分はどんなことに喜びを感じられるのだろう？」**という3つの自問を行ない、各自問への回答結果を見比べて、重なり合っている領域を特定することで、自分を最も幸せにできる仕事を見出すことができるということです。そして彼自身、これを使って自己分析を行ない、「講師」という天職を導き出したと述べています。この**「喜び」「得意」「意義」**は、先ほどの「自分の使命を知るためのフレームワーク」における「情熱」「才能」「善」に該当すると考えられ、やはり**この3つの観点で自分のやりたいことを考えるのがよい**と考えられます。

「自分の天職を知るためのフレームワーク」

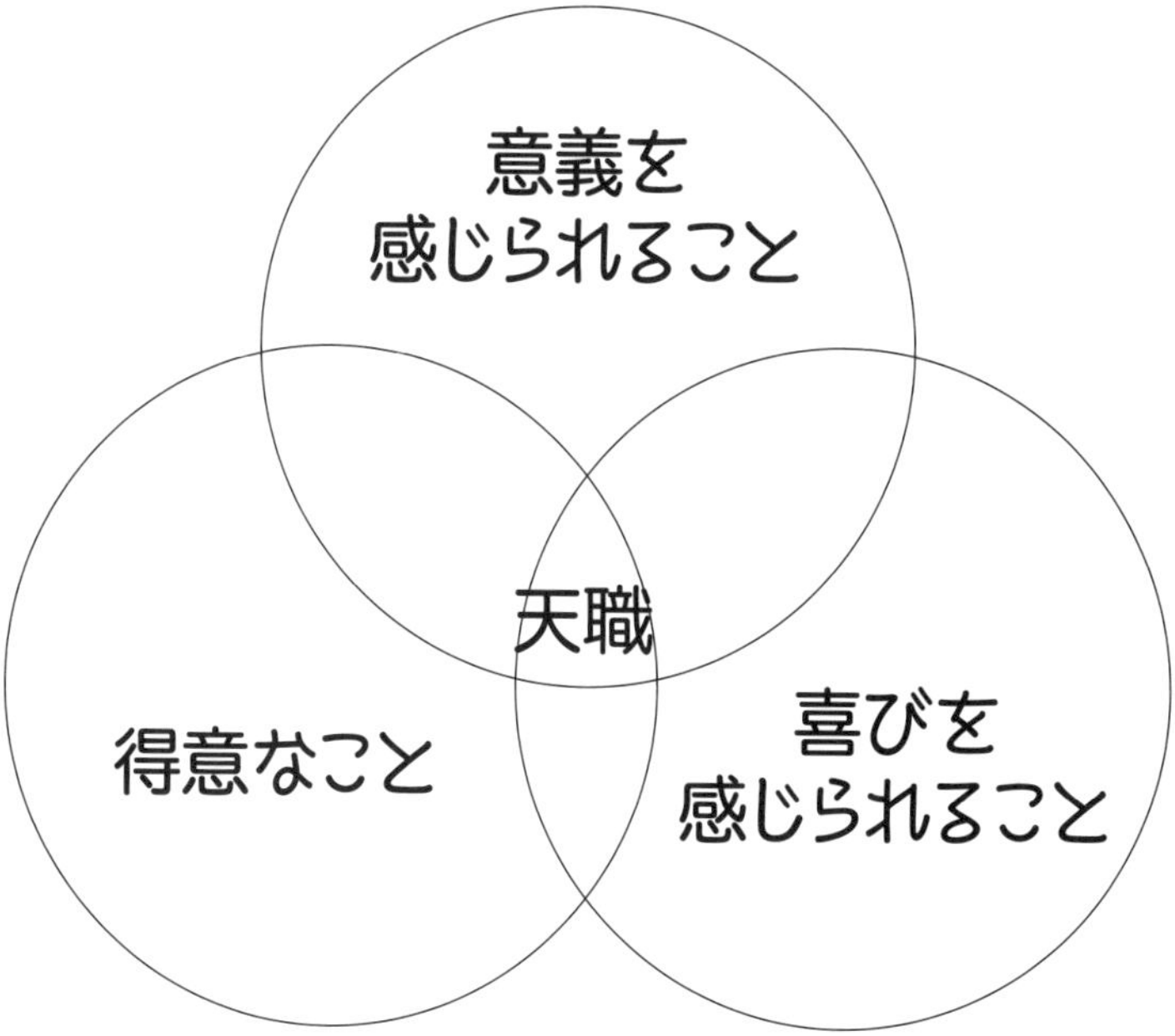

※出所：『HAPPIER』（タル・ベン・シャハー）

検証

「やりたいことを見つける」手法を試してみた

さて、ここまで「やりたいことを見つける」ための様々な手法=自己分析手法を見てきました。次はいよいよこれらの検証に入っていきたいと思います。

なお「本書の使い方」でご説明したように、本章以降も含めて、検証ポイントとしては**「①現実性」「②有効性」**という2つの観点を見ていきます。

特にこの自己分析手法に関しては、「現実性」の面としては**「その手法を現実的に使いこなすことができるか?」**という点、「有効性」の面としては**「その手法を使って、自分のやりたいことを見つけることができるか?」**という観点で判断します。

また、各手法を分類すると、**「情熱分析」「才能分析」「意義分析」「価値観分析」という主に4つの分析に分けることができる**ので、検証に関してもこの視点で見ていくことにしました。ただし、先ほど見ていただいたように、「情熱分析」と「才能分析」は不可分になっている手法が多かったため、この2つは一緒に見ていくことにします。

以下では僕自身を例にとって、どのような自己分析を行ない、その結果自分のやりたいことを見つけることができたのかを述べていきたいと思います。

※以降の文章は、一度にまとめて行なったかのように書いていますが、実際には数年間かけ、何度かに分けて分析を行なったものになります。またそのころ僕は、一般企業に勤めるごく普通のサラリーマンだったので、現在の僕の状況とはかなり異なるという点だけご留意いただければと思います。

では、まず「情熱分析」「才能分析」から見ていただくことにします。

1　「情熱分析」「才能分析」に関して

「喜びを感じること」と「得意だと思うこと」を探る自己分析手法には、主に**「自分の才能を見分ける8つのチェックリスト」「4つの『才能の痕跡』」「自分の『成功の80％を生む20％の領域』を知る質問リスト」**という3つがありました。これらの分析結果を見ていただくことにします。

「才能を見分ける8つのチェックリスト」の検証

まず始めに、「自分の才能を見分ける8つのチェックリスト」に該当するものをノートに書き出してみました。以下は僕の実際の回答内容です。

①それをしている時に最高に幸せで満ち足りるもの。
→情報収集、情報の整理分析など

②うまくできるもの。
→データ分析、文章を書くこと

③それをしているのが楽しいし、ほめられることも多いもの。
→執筆、レポート作成

④それを学ぶのが苦ではなく自然と身についたもの。
→文章を論理的に書くこと

⑤夢中になれるもの。没頭できるもの。
→情報収集、データ分析

⑥一生それについて学び、向上し続けたいと思うもの。
↓自己啓発、成功哲学
⑦それをしていると時間を忘れてしまうもの。
↓情報収集、データ分析
⑧それがうまくできる人を心から尊敬し、憧れてしまうもの。
↓ロジカルシンキング、論理的なプレゼン

これを見ていくと、**「情報収集」「データ分析」「文章を書く」**という言葉が何度か出現します。少しこの点を補足したいと思います。

僕は、幼いころから何かテーマを見つけては、それに関する情報を徹底的に調べて、自分なりに分析するのが大好きでした。社会人になってからもそれは、マーケティング・リサーチという業務の中で活かされており、調査課題に関する情報を収集し、得たデータを分析している時間が一番楽しく感じるのです。そのため、「最高に幸せで満ち足りるもの」「夢中になれる、没頭できるもの」と聞くとそうした**「調査・分析に関すること」**が一番最初に思い出されます。

一方で僕は、幼いころから本ばかり読んできたこともあり、作文や論文が大の得意でした。小学校の時は朝礼などでよく作文を読まされ、中学の時には国語の全国模試で1位をとり、高校では様々な作文コンクールに入選していました。そんなこともあって、「うまくできるもの」「ほめられるもの」と聞くと、**「文章を書くこと」**が最初に思い出されます。

こうして、**「調査・分析に関すること」「文章を書くこと」**という2つのキーワードを抽出できたところで、次の分析手法を試すことにしました。

「4つの『才能の痕跡』」の検証

次に、「4つの『才能の痕跡』」に該当するものを書き出してみました。

①極度の緊張状態におかれた時に、どんな反応をしたか？

↓不明

②子供のころに夢中になった経験や、他の人からは何が楽しいのか

わからないけれど、自分はそれがしたくてたまらないことは何か？
↓情報収集とその整理（例：戦国武将のプロフィール整理）

③突然才能を発揮し、他の誰もついていけないスピードで成長していく分野はないか？
↓文章の執筆、フレームワーク、調査分析

④「これはいつ終わるんだろう」ではなく、「これを次はいつできるだろう」と考えているようなことはないか？
↓情報収集、レポート作成

これもほとんどの回答に**「調査・分析」**に関する言葉が出てきました。
その中でも、特に②の「子供のころに夢中になった経験」や「自分がしたくてたまらなかったこと」について、ある子供のころのエピソードを思い出したので、少しそれに触れておきたいと思います。

幼いころ、日本史オタクだった僕は、当時流行っていたファミコン用ソフト、『信長の

野望　戦国群雄伝』（ＫＯＥＩ）というゲームにハマっていました。そして近所の書店でたまたまそのゲームの「攻略本」を立ち読みした時に、僕の運命が変わってしまったのです。

その攻略本には、ゲームに登場する戦国武将のプロフィールとともに、各武将の能力が「政治力」「戦闘力」「魅力」「野心」といったパラメーターで数値化されて載っていました。そして、それらのプロフィールと各スコアを見た瞬間に僕は、ぞくぞくするような快感を覚えてしまったのです。**それは僕が初めて「データ」というものが持つ魅力にとりつかれた瞬間でした。**

加えて、『戦国群雄伝』には、北関東や東北地方の武将が登場せず、その地域の武将のデータだけがないことにも気持ち悪さを覚えました。そこで僕は、本ソフトに登場しない者も含めた全戦国武将のプロフィールを調べ、データ化することを決意したのです。

当時まだ小学3年生でしたが、その日から、もらっていたお小遣いはすべて歴史雑誌や歴史書の購入にあてられ、当時発刊されていた『歴史群像』（学研プラス）『歴史と旅』（秋田書店）といった歴史雑誌から、『戦国人名辞典』『戦国家臣団辞典』（ともに新人物往来社）といった辞典、あるいは『甲陽軍鑑』『信長公記』『関八州古戦録』（すべてニュートンプレス）といった歴史書などまで片っ端から購入し、乱読していきました。

果ては、専門家が読むような学術論文まで読み漁ったり、戦国史を専門とする大学教授に手紙を出して質問をしたりするようになり、その常軌を逸した自分の欲求と行動に対して自分で恐ろしくなった僕は、中学に入ったのを機に二度と調べるのをやめました。

そして10年以上の時を経て、その偏執的な情報収集欲と分析欲求はマーケティング・リサーチという業務で如何なく発揮し、充足しているわけですが、**「才能の痕跡」が幼いころのエピソードの中にここまではっきりと表れている**のはちょっと驚きです。

「自分の「成功の80％を生む20％の領域」を知る質問リスト」の検証

次に「自分の『成功の80％を生む20％の領域』を知るための質問リスト」に回答してみました。次のページをご覧ください。

・多くの人から拍手喝采を浴びたものは何か。自分が勝ち得た賞賛の80％につながった仕事や遊びの20％は何か。
↓作文、論文
・大した努力もせずに、驚くほどうまくいったことがなかったか。
↓作文、論文
・これができたら最高に嬉しいと思うことは何か。自分には簡単にできるが他人には簡単にできないことは何か。
↓分析がうまくいった時
↓文章をわかりやすく書くこと
・楽しさや得意度を測定できるとして、仲間の95％より自分が楽しいと思うことは何か。仲間の95％より自分が得意とするものは何か。
↓情報をうまく整理して分析すること
↓文章を論理的に書くこと

これも同じく、**「文章を書く」「調査・分析」**というキーワードが導出されました。

さて、ここまで「情熱分析」と「才能分析」に関する3つの手法を試してきましたが、わかったことをまとめてみたいと思います。

まず1点目として、これらの手法はすべて、「現実性」「有効性」とも問題なく、これらの分析を行なうことで、**自分の「やりたいこと」を見出すヒントが得られた**ということ。具体的には、僕にとっては、**「調査・分析すること」「文章を書くこと」**というキーワードを導き出すことができました。

次に2点目として、それらはどうやって導き出せたかと言えば、**質問に対する回答の中に幾度となく出現する単語や類似する概念を拾っていった**、ということです。僕の場合は、「調査・分析」に類する概念や「文章を書くこと」に関する言葉が何度も出てきたので、それが本当に自分の「喜びを感じること」や「得意なこと」であるという確信を持つことができました。

そして3点目は、これらの質問群の中でも、**特にキーになる質問があった**ということ。具体的には、「あなたが子供のころに夢中になったことは？」「他の人にはわからないけれど、あなたがしたいことは？」「あなたが人からよくほめられることは？」「あなたには簡単だけれど、他の人は簡単にできないことは？」などの質問が、僕にとっては自分の「喜びを感じること」や「得意なこと」をうまく引き出せた、クリティカルな質問でした。

最後に4点目は、**「情熱分析」「才能分析」だけでは、「やりたいこと」を特定するまでには至らない**ということ。つまり、これらの分析により、「調査・分析」「文章を書く」という、いわば「業務領域」までは特定できましたが、では具体的にその仕事で何を実現したいのか？というところまでは、これだけでは特定することができませんでした。

そこで次に僕は、「価値観分析」を試していくことにしました。

2 「価値観分析」に関して

「価値があると思うこと」を探る分析手法には、**「自分の価値基準を探るための質問リスト」「自分の価値観と方向性を知る質問リスト」「自分の価値観を知るための質問リスト」**という3つがありました。これらの分析結果を見ていただくことにします。

「自分の価値基準を探るための質問リスト」の検証

まず、「自分の価値基準を探るための質問リスト」に回答してみました。

・あなたが人生で学んだ最も大事なこと（子供たちに伝えたいこと）を３つ挙げてください。また、その理由を挙げてください。

↓大好きなことをやること、論理的に考えること、群れる必要はないこと

↓それが最も効率的に幸せになれる方法だから

・あなたが心から尊敬する人は誰ですか。その人について、あなたが最もすばらしいと思う点を３つ挙げてください。

↓「裸の王様」で王様を裸だ！って嘲笑った子供

↓子供であるところ、真実を見抜けるところ、空気を読まずに喝破するところ

・自分のいいところを１００％発揮している時のあなたは、どんな人ですか。

↓論理的に考えて、問題を解決している

・人生におけるあなたの真の姿が墓石に一文で刻み込まれるとしたら、あなたはどんな文章が刻まれることを期待しますか。

↓周りに流されずに自分を貫いた人

ここでは考察は保留にして、次の分析結果を見ていただくことにします。

「自分の価値観と方向性を知る質問リスト」の検証

次に、「自分の価値観と方向性を知る質問リスト」に回答してみました。

・自分の葬儀が行なわれるとして、集まってくれた人から、あなたの人生について何と言ってほしいか？ 彼らの言葉から、どんな夫、妻、父、母、息子、娘、友人、同僚だったと言ってほしいか？

↓自分の信念を貫いた人、好きなように生きた人

・自分の葬儀の際に、みんなに自分の人格のどういうところを見てほしかったのか？ どういう貢献や業績を覚えてほしいのか？ 彼らの人生にどういう影響を及ぼしたかったのか？

↓周りに流されず、真実を追求し続けたこと

こちらも考察は保留にして、次の分析結果を見ていただくことにします。

「自分の価値観を知るための質問リスト」の検証

次に、「自分の価値観を知るための質問リスト」に回答してみました。

・私を幸せにしてくれるものは何だろう？　どんな物・行動などが私を幸福で満たし、エネルギッシュでポジティブな気分にさせてくれるだろう？

↓調査して得たデータを分析している時間

・どんな思い出が私を喜びで満たしてくれるのか？　過去にしたことの中で、私を気分よく、ポジティブな状態にしてくれるものは何だろう？　ずっとしたかったのに、成し遂げていないゴールとは何だろう？

↓作文コンクールで入賞した時、大勢の前でレポートの説明をした時

↓本を書くこと

・私の特徴や性格の中で、どれを表現した時に、一番嬉しい気分になれただろうか？　ベストを尽くしている時の自分はどんな種類の人間だろうか？

↓子供である自分、周りの圧力に負けず、自分の中の真実をひたすら追求している自分

・それを持っている、またはそれをしている人を賞賛する、トップ5の価値とは何か？

↓合理的な人、孤高の人、プライドが高い人、正論を言える人、周りに流されない人

さて、ここまで「価値観分析」に関する3つの手法を試してきましたが、ここまででわかったことをまとめてみたいと思います。

まず、こちらも「情熱分析」「才能分析」と同様に、何度も登場する言葉や概念がありました。具体的には、**「周りに流されない」「真実を追求する」「自分を貫く」「論理的に考える」**といったものです。それらをつなぎ合わせると、**「周りに流されず、自分を貫くこ**

と」「論理的に考え、真実を追求すること」という価値観を見出すことができます。

そして自分自身、確かにこうしたことが重要だと思い、価値を感じていると認められることから、これが僕自身の「価値観」であると判断してよいのではないかと思います。つまり、今回試した「価値観分析」の3つの手法は、**「自分の価値観を見出すための分析手法」として確かに有効である**と考えてよいでしょう。

ただし、ここが大事なところなのですが、「やりたいことを見つけるための分析手法」として有効かどうか、という観点から考えるとどうでしょうか。

たとえば僕自身の価値観として導出された、「周りに流されず、自分を貫く」という価値観。これはどちらかというと「生き方」とか「ポリシー」といった種類のものであって、この価値観から「やりたいこと」のヒントを探すのは難しい気がします。「論理的に考え、真実を追求すること」に関しても同様です。

よってここでは、**「価値観分析」は「やりたいこと」を見つける上では特に必要ないと**結論づけたいと思います。

というわけで最後に、「意義分析」にトライした結果を見ていただきましょう。

3 「意義分析」に関して

「意義」という概念が出てきた分析手法は、**「自分の使命を知るためのフレームワーク」「自分の天職を知るためのフレームワーク」**の2つでした。これらの分析結果を見ていただくことにします。

「自分の使命を知るためのフレームワーク」の検証

先に、「自分の使命を知るためのフレームワーク」から見ていきましょう。

このフレームワークでは、「使命」の定義を「①自らの『情熱』を駆り立てられるもの」「②自らの『才能』を活かせるもの」「③世の中に最大限の『善』を施せるもの」という3つの基準を満たすものとして捉えています。

このうち、「①自らの『情熱』を駆り立てられるもの」は「情熱分析」が、「②自らの『才能』を活かせるもの」に関しては「才能分析」がそれぞれ該当してすでに答えを出しており、残りの「③世の中に最大限の『善』を施せるもの」が「意義分析」に該当しますので、これを考えてみることにしました。

ここでは「善」（意義）を**「特定の「活動」を通じて、特定の「益」を、特定の「受益者」にもたらすこと」**と定義されています。これをもう少しわかりやすい言葉に直すとすると、「意義を感じること」とは、**「誰か（受益者）に対して、何か（活動）をして、何らかの役に立つ（益）こと」**と考えられます。では、僕自身は、誰に対して、何をして、どのように役に立ちたいと思っているのでしょうか？　自分自身に問いかけてみました。

まえがきで述べたように、僕は小さいころに「努力は裏切らない」「苦労は必ず報われる」ということを何の根拠もなく信じ、「人生で成功を収めるためのコツ」を知ろうとはしなかったために痛い目に遭いました。

ですから、幼いころの自分のように、「毎日こんなに努力をしているのに、どうして人生がうまくいかないのだろう」と悩んでいる人がいたとしたら、全力で彼らの役に立ちたいと思うし、もしそれができたなら、幼いころの辛かった日々も、少しは救われると思うのです。

そこで僕は、**「悩める若者たちに、人生で成功するためのコツを伝えることで、よき人生を送る手助けをすること」**こそ、自分が人生でなすべきことだと思いました。そしてそれこそが自分が「意義を感じること」であると悟ったのです。

このように、**「誰に対して、何をして、どのように役に立ちたいのか？」という問いを考えることで、「意義を感じること」を見出す**ことができました。

「自分の天職を知るためのフレームワーク」の検証

最後に、「自分の天職を知るためのフレームワーク」を使って、あらためて僕の「やりたいこと」を整理してみたいと思います。

このフレームワークでは、「喜びを感じること」「得意なこと」「意義を感じること」の3つの円に重なったところが天職であり、自分のやりたいことであると考えます。

僕の「情熱分析」「才能分析」「意義分析」の結果をまとめると、

- **喜びを感じること：調査・分析すること**
- **得意なこと：文章を書くこと**
- **意義を感じること：悩める若者たちがよき人生を送る手助けをすること**

ということになります。さらにこの3つの円が重なるところを考えてみると、

・成功するコツを調査し、分析結果を執筆して、悩める若者たちに伝えること

となり、かなり具体的な「やりたいこと」が導き出されたのではないかと思います。

そして賢明なあなたはお気づきのように、本書は**「成功するコツを調査し、分析結果を執筆」**したものであり、僕自身の「やりたいこと」を具現化した作品になります。

自己分析結果：高田の場合

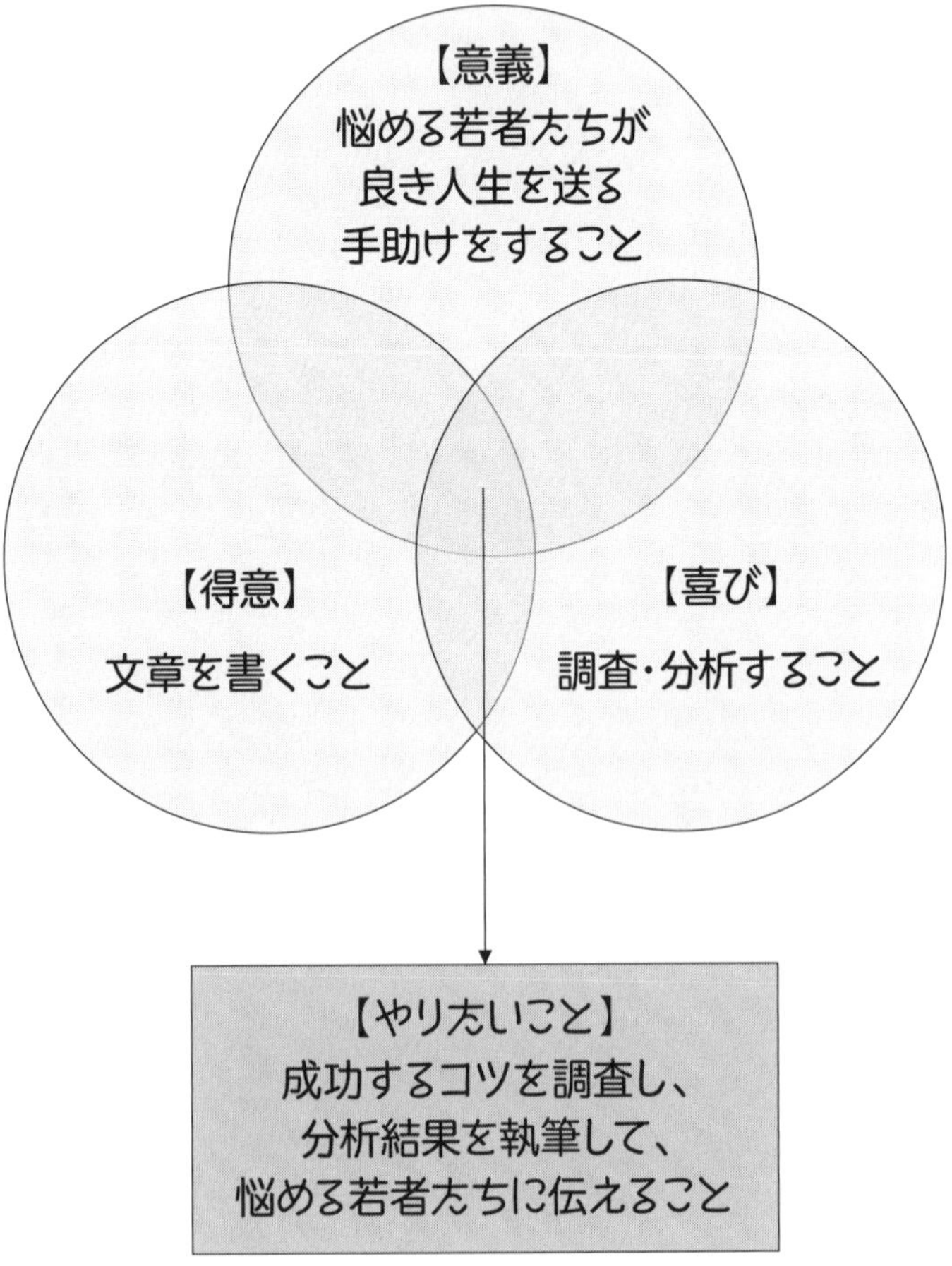

検証結果の総括

ここまでの検証結果を総括してみましょう。

「やりたいこと」を導き出すためには「自分の天職を知るためのフレームワーク」の通り、**「情熱分析」「才能分析」「意義分析」という3つの面からアプローチすると有効であるということ**が示されました。

ただし、そのためには、単に「喜びを感じることは？」「得意なことは？」「意義を感じることは？」というだけでは抽象的すぎてなかなか答えにくいため、ここまで見ていただいたような、もう少しブレイクダウンした**様々な質問リストに回答し、その結果を分析することで、「やりたいこと」を特定することができる**ことがわかりました。具体的には、「情熱分析・才能分析」に関しては、「あなたが子供のころに夢中になったことは？」「他の人にはわからないけれど、あなたがしたいことは？」「あなたが人からよくほめられることは？」「あなたには簡単だけど、他の人は簡単にできないことは？」といった質問、「意義分析」に関しては、「誰に対して、何をして、どんな風に役に立ちたいのか？」という質問を考えることで、その答えを導くことができました。

「自己分析手法」の検証結果一覧

		現実性 現実的に使いこなせられるか？	有効性 やりたいことを見つけられるか？	備考
情熱分析・才能分析	自分の才能を見分ける8つのチェックリスト	○	○	「喜びを感じること」「得意なこと」を抽出できる
	4つの「才能の痕跡」	○	○	
	自分の「成功の80%を生む20%の領域」を知る質問リスト	○	○	
価値観分析	自分の価値基準を探るための質問リスト	○	△	「価値があると思うこと」を抽出できるものの、「やりたいことを見つける」ためには特に必要なし
	自分の価値観と方向性を知る質問リスト	○	△	
	自分の価値観を知るための質問リスト	○	△	
情熱分析・才能分析・意義分析	自分の使命を知るためのフレームワーク	△	○	意義分析として「善」の定義が有効
	自分の天職を知るためのフレームワーク	△	○	「情熱」「才能」「意義」というフレームワークとして有効

一方で、「価値観分析」に関しては、「自分の価値観を見出すための分析手法」としては有効であったものの、**「やりたいことを見つけるための分析手法」としては特に必要ない**ことが示されました。

ただし一点だけ補足したいのは、僕自身の経験や僕の周りの人の傾向から言うと、「喜びを感じること」や「得意なこと」はこうした分析によって答えを出すのは比較的容易である一方で、**「意義を感じること」に関しては、人によっては答えを出すのにかなり時間がかかることがある**という点です。

というのも、前述のように「喜びを感じること」「得意なこと」は何かしらすでに取り組んだり、実績を上げていることが多いので「○○していることは何か？」という質問から答えを導き出しやすいのですが、「意義を感じること」は心の奥底にずっとあってもやもやしながらも、現実的な行動には表れていないことも多く、「○○していることは何か？」という問いかけでは答えがすくいとれないことが多いからです。

さらに、そのモチベーションになるものは、自分の幼いころの強烈な体験、特に楽しかった経験よりも辛かった経験などが契機になっていることも多く、無意識にその体験を思い出さないようにしていることすらあります。そうするとますます「意義を感じること」が意識上に表出されにくくなるのです。

ですので、もし「意義を感じること」まで答えを出すのが難しい場合には、「情熱分析」や「意義分析」から「自分のやりたいこと」の領域をいったん定義し、その上で「意義を感じること」を探していく方がよい場合もあることを付け加えておきます。

結論

「やりたいことを見つける」にはどうすればいいのか？

さて、ここまで「やりたいことを見つける」ための様々な手法と、その検証結果を見ていただきました。簡単におさらいしたいと思います。

まず、「やりたいことを見つける」ための分析手法は大きく分けて、「情熱分析」「才能分析」「意義分析」「価値観分析」の４つに分かれることがわかりました。

しかしながら、「やりたいことを見つける」という観点から見ると、「価値観分析」は必ずしも必要ではないことから、**「情熱分析」「才能分析」「意義分析」という３つの分析が有効である**ことがわかりました。

さらに、「情熱分析」「才能分析」「意義分析」は具体的には、**左記のようなキークエスチョンに答えて、回答に何度も出てくる言葉や概念を抽出することで自分のやりたいことを導き出せる**ことがわかりました。

【情熱分析の質問例】
・あなたが子供のころに夢中になったことは？
・あなたが時間を忘れて没頭してしまうことは？
・他の人にはわからないであろう、あなたの楽しみは？
【才能分析の質問例】
・あなたがこれは向いてるなと思うことは？
・あなたが人からよくほめられることは？
・あなたには簡単なのに、他の人には難しそうなことは？
【意義分析の質問例】
・あなたは、誰に対して、何をして、どんな風に役に立ちたいですか？

さらに、「情熱分析」「才能分析」は比較的分析がしやすい代わりに、「意義分析」は人によってはかなり時間を要することもあることもわかりました。

本章の冒頭で述べたように、「自分のやりたいこと」が見つかる瞬間は、いつどんなタイミングでやってくるかわかりません。けれどもその瞬間をただ待つよりは、こうした自己分析を繰り返すことで自分から「見出していく」方がよほど効率的であると思います。

よく、何歳になっても「自分のやりたいことがわからない」、と嘆く人がいますが、嘆いている暇があるなら、僕は１００回でも２００回でも自己分析を繰り返すべきだと思います。なぜなら、その答えはあなた自身が持っているはずですし、何より、自己分析をすることに１円のコストもかからないのですから。

第2章のまとめ

1

あなたの喜びを感じることを考えてみよう。

――たとえば、他の人には理解されないあなたの楽しみは何だろうか？

2

あなたの得意なことを考えてみよう。

――たとえば、あなたが他の人からよくほめられることは何だろうか？

3

あなたの意義を感じることを考えてみよう。

――あなたは、誰にどんなことをして役に立ちたいと思っているのだろうか？

第3章

「夢をかなえる」にはどうすればいいのか？

YUME WO KANAERU NIHA DOU SUREBA IINOKA?

「夢をかなえる」とは？

本章では、成功を得るための2つ目の戦略、**「夢がかなうことを願い、心から信じ続ける」**ための方法論について見ていきます。

自己啓発書の世界では古くから、夢がかなうことを信じ、願い続けることで実際にその夢がかなうという考え方が伝わってきました。

自己啓発書の原点とも言われるジェームズ・アレンの『「原因」と「結果」の法則』（サンマーク出版）にもそうした考え方が述べられていますし、世界で最も著名な自己啓発書の一つであろう、ナポレオン・ヒルの『思考は現実化する』（きこ書房）はまさに、タイトルそのものがそうした考え方を表しています。さらに最近では、ロンダ・バーンの『ザ・シークレット』（角川書店）により、いわゆる「引き寄せの法則」が一般的にも浸透しました。

何かを信じることで実際にそれがかないやすくなる、ということは心理学の世界でもある程度認められています。一番わかりやすい例が**「プラセボ（偽薬）効果」**でしょう。

たとえば、パターゴルフを用いた実験では、ボールを打つ際に被験者に対して「これは幸運のボールです」と言って、本当は幸運でもなんでもない普通のボールを渡し、打ってもらうと、**実際にパットの成功率が上がる**そうです。

また数学のテストに関する実験では、アジア人の被験者に「アジア人は他の人種よりも数学が得意なんです」と説明してから受けさせると、**実際にテストの成績がよくなる**という結果が出ています。

こうした事実を踏まえると、もしかしたら願望がかなうと信じることで実際にかなうのかもしれないという気がしませんか？　少なくともそう考えるのはロマンがありますし、ただ信じるだけで願望がかなうのならこんなにコスパがよいことはないでしょう。……僕自身そう考えて、様々な「夢をかなえる」ための手法を調べました。

まずは過去の文献を引用しながら、これまでに提唱されている「夢をかなえる」ための手法（ここでは**「願望実現手法」**と呼称します）を見ていきたいと思います。

※理屈はいいからとにかく結論だけ知りたい、という人は、156ページの「**【結論】「夢をかなえる」にはどうすればいいのか？**」まで飛んでいただいても構いません

「夢をかなえる」ための手法を調査する

ではここからは、具体的な手法について見ていきたいと思います。

過去の様々な文献を紐解いてみると、「夢をかなえる」ための手法＝「願望実現手法」は**それぞれがかなり似通っており、以下に述べるような一つのモデルに統合することができる**ことがわかります。この統合モデル（以降、**「願望実現の統合モデル」**と呼称します）は次の3ステップから成り立ちます。

まず1つ目のステップは、**「願望の内容を文章や画像で表す」**ことです。たとえばこれからご紹介する手法の中で言えば、「願望実現のための6ヶ条」や「目標カード」は文章で表しますが、「ビジョンボード」などは絵や写真が中心になります。

そして、文章や画像の作り方にもいくつかのルールがあり、それぞれの手法が勧めていることを最大公約数的にまとめると、116ページのようになります。

「願望実現手法」の集約：「願望実現の統合モデル」

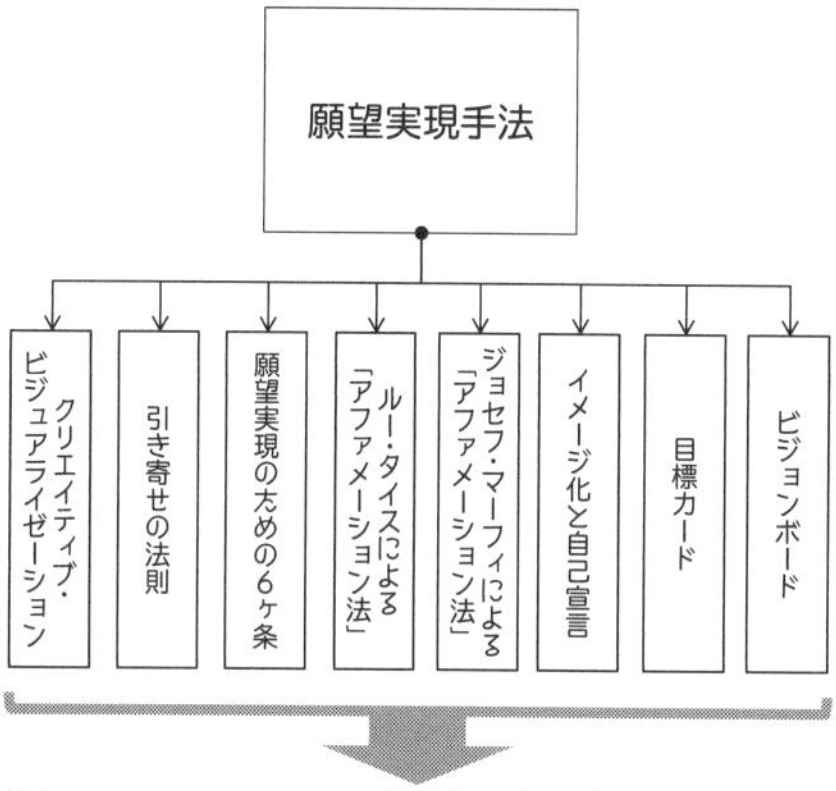

■「願望実現の統合モデル」

1. 願望の内容を文章や画像で表す

①文章の場合	②画像の場合
・現在形で、すでにかなったかのように書く ・一人称で主語を入れる ・否定文は使わず、肯定文だけで表現する ・かなったところを想像して、その気持ちを表現する ・数値的目標があれば、具体的な数字を入れる	・理想を表した絵を描くか、理想に近い写真を探す ・自分の写真を絵や写真の中に入れる

2. 願望の内容を五感で味わう

①貼って眺める	②声に出して読む	③イメージする	④振る舞う
・よく目にするところに貼り、一日何回か必ず眺める	・毎日、起床直後と就寝直前に読む	・願望がかなった姿を具体的に視覚化する	・かなったらするであろう行動をしてみる

3. 願望がかなったと信じ、かなった時の喜びを実感する

・かなうことを100%信じる
・かなったところを思い、喜びに浸る

脳がその願望実現を信じ、実際にかなえようとする

【文章の場合】
・現在形で、すでにかなったかのように書く
・一人称で主語を入れる
・否定文は使わず、肯定文だけで表現する
・かなったところを想像して、その気持ちを表現する
・数値的目標があれば、具体的な数字を入れる

【画像の場合】
・理想を表した絵を描くか、理想に近い写真を探す
・自分の写真を絵や写真の中に入れる

2つ目のステップは、**「願望の内容を五感で味わう」**ことです。第1ステップで表現した文章や画像を「味わう」ことで、それを脳に浸み込ませるのです。

そしてその「味わう」方法は大きく分けて4つに類別できます。具体的には、

①願望の内容を貼って眺める
②願望の内容をイメージする
③願望の内容を声に出して読む
④願望の内容がかなったように振る舞う

という4つです。

「①貼って眺める」はほぼどの手法でも前提となっているやり方ですが、「②イメージする」「③声に出して読む」に関しては、②・③両方とも推奨されている手法（クリエイティブ・ビジュアライゼーション」「引き寄せの法則」「アファメーション法」など）、②のみ推奨されてい

る手法（「イメージ化と自己宣言」）、③のみ推奨されている手法（「願望実現のための6ヶ条」）など、様々です。また「④振る舞う」に関しては、本書で紹介している手法の中では、「引き寄せの法則」のみが該当します。

３つ目のステップは、五感で味わうことにより、**「願望がかなったと信じ、かなった時の喜びを実感する」**ことです。逆に言うと、「貼って眺める」「イメージする」「声に出して読む」「振る舞う」といった各アクションは、脳にそれを浸透させることで、それがかなうことを信じさせ、かなった喜びに浸るための手段と考えてよいでしょう。

序論で述べた通り、**人間の脳は何かを信じることで、本当にそれを可能にしようとする**働きを持っています。そして、脳は意識下において、本質的に「本当の情報」か、「嘘の情報」かを見分けることができません。映画やドラマで、それがフィクションだとわかっていても、怖いシーンになったら胸がドキドキするし、楽しいシーンになったら胸がワクワクするのはそのためです。

同じように、願望の内容を繰り返し脳に浸み込ませることで、脳がそれを信じ始め、本当にそれをかなえさせようとする、というメカニズムはそれほど荒唐無稽な話でもなければ、特にスピリチュアルな解釈を必要としないのではないかと思われます（この意味で、個人的にはアファメーションやビジュアライゼーション、ビジョンボード等を扱った自己啓発書の多くが、スピリチュアルな文脈でしか語られていないことを残念に思います）。

それでは次のページから、個別の手法の内容を一つひとつ簡単にレビューしていきたいと思います。

調査① クリエイティブ・ビジュアライゼーション

はじめに、『理想の自分になれる法』（シャクティ・ガワイン／廣済堂出版）に出てくる「クリエイティブ・ビジュアライゼーション」を見ていきましょう。

本書は夢を実現させるためのテクニック、「クリエイティブ・ビジュアライゼーション」のガイド本となっており、世界で500万部を超えるベストセラーになっています。本書の著者、シャクティ・ガワインは、リード大学、カリフォルニア大学で心理学を学んだ後、東洋哲学・瞑想・ヨガなどを学び、世界で創造性開発のワークショップを実施しています。

この「クリエイティブ・ビジュアライゼーション」のやり方はごく簡単で、手順としては、**「①深くリラックスする」「②自分の願望をイメージする」「③その願望を声に出して『宣言』する」「④上記を毎日、できるだけ頻繁に行なう」**というだけです。

ただし、「宣言」の仕方にいくつかのルールがあり、具体的には左記の通りですが、最も重要なものは**「現在形で言う」**ということです。つまり、「お金持ちになりたい」という願望的な言い回しにしてしまうと、脳が「今はお金持ちになっていない」という事実を意識してしまうので、必ず言う時は「私はお金持ちになっています」という現在形の言い方で言います。これは他の手法でも共通するルールとなっています。

「クリエイティブ・ビジュアライゼーション」

①深くリラックスする
- 就寝前や起床後が最も適している
- リラックスするために、ストレッチや瞑想などをしてもよい

②自分の願望をイメージする
- できる限り具体的に思い浮かべる
- 紙に絵で表現したり、文章にしてみてもよい

③その願望を声に出して「宣言」する
- 必ず「現在形」で言う
- 「否定文」は使わず「肯定文」を使う
- 短い言葉の方が効果的
- 自分にぴったりの内容を宣言する
- 自分が新しいものを作り出しているという意識を持つ
- 自分の感情と矛盾するようなことは言わない
- 言う時はそれがかなうであろうことを疑わない

④上記を毎日、できるだけ頻繁に行なう

※出所：『理想の自分になれる法』（シャクティ・ガワイン）

調査②　引き寄せの法則

次に、『ザ・シークレット』（ロンダ・バーン／角川書店）の中に出てくる、「引き寄せの法則」を見ていきましょう。

本書はこの「引き寄せの法則」について解説した1冊であり、原著は「ニューヨーク・タイムス」のベスト10に34週にわたってランクイン、うち23週で1位を記録し、全世界で2500万部を突破したそうです。また著者のロンダ・バーンは、「タイム」誌が選ぶ「世界で最も影響力のある100人」の1人にも選ばれています。

本書で一気に有名になったこの「引き寄せの法則」とは、一言で言えば「思ったもの、願ったことを引きつける」とされる法則で、バーンによれば、それは、**「①お願いする（ほしいものや願いを明確にする）」「②信じる（すでにそれが手に入ったと信じ、そのように振る舞う）」「受け取る（手に入った喜びにひたり、いい気分になる）」**という3ステップで行ないます。

先の「クリエイティブ・ビジュアライゼーション」の場合は、願望の内容を「イメージする」「声に出して読む」ことで脳に浸透させていましたが、「引き寄せの法則」の場合はこれらに加えて、「振る舞う」というアクションを推奨しているのが特徴になります。

「引き寄せの法則」

①お願いする

・欲しいものを明確にする
・欲しいものを「現在形」で紙に書き出す

②信じる

・手に入ったところを思い描く
・すでにそれが手に入ったと信じる
・それが手に入ったように振る舞う

③受け取る

・「私は今、○○を受け取っています」と言う
・それを受け取った時の幸福感や素晴らしさを実感する
・その気分を感じ、よい気分でいる

※出所：『ザ・シークレット』（ロンダ・バーン）

調査③　願望実現のための6ヶ条

次に、『思考は現実化する』（ナポレオン・ヒル／きこ書房）の中に出てくる、「願望実現のための6ヶ条」を見ていきましょう。

本書は無数にある自己啓発書の中でも最も有名な書籍の1つであり、著者のナポレオン・ヒルが鉄鋼王アンドリュー・カーネギーの要請で、カーネギーが見込んだ「成功者」500人にインタビューを敢行し、彼らに共通する「成功哲学」を綿密に研究・分析した結果のすべてがまとめられていると言われています。

そして中でも、この「願望実現のための6ヶ条」はカーネギーに直接伝えられた秘伝として書かれており、その内容は**「『実現したい具体的願望』『そのための代償』『最終期限』『詳細な計画』の4つを書いた紙を1日2回、起床直後と就寝直前に、大きな声で読む」**というものです。

願望の内容を「就寝前や起床後すぐ」に「声に出して読む」という点では、「クリエイティブ・ビジュアライゼーション」や他の手法に類似していますが、願望の内容だけでなく、「そのための代償」「詳細な計画」などについても書き記す、という点は他の手法には見当たらない、この手法だけの特徴になります。

「願望実現のための6ヶ条」

①あなたが実現したいと思う願望を「具体的に」させること。

②実現したいと望むものを得るために、あなたは「代償」として何を差し出すのか決めること。

③あなたが実現したいと思っている願望をかなえる「最終期限」を決めること。

④願望実現のための詳細な「計画」を立てること。そしてまだその準備ができていなくても、迷わずにすぐに行動に移すこと。

⑤「実現したい具体的願望」、「そのための代償」、「最終期限」、そして「詳細な計画」。以上の４点を紙に詳しく書くこと。

⑥紙に書いたこの宣言を、１日２回、起床直後と就寝直前に、大きな声で読むこと。この時、あなたはもうすでにこの願望が実現したものと考え、そう自分に信じ込ませること。

※出所：『思考は現実化する』（ナポレオン・ヒル）

調査④　ルー・タイスによる「アファメーション法」

次に、『アファメーション』（ルー・タイス／フォレスト出版）に出てくる、「アファメーション法」を見ていきたいと思います。

本書は、著者であるルー・タイスが開発した、NASA、アメリカ国防総省、フォーチュン500社の62％が導入しているとされている自己啓発プログラムと、その中核をなすテクニックである「アファメーション」について書かれた1冊です。著者、ルー・タイスは、心理学者であり、アメリカの自己啓発界、能力開発の世界的権威であり、世界で最も高い評価を得ている教育機関TPIを設立した人物とされています。

「アファメーション」自体は自己啓発の世界ではわりとポピュラーな手法ですが、解説する人によって少しずつやり方が異なります。このうち、ルー・タイスが勧めている方法は、**「①目標を声に出して読み、頭の中にイメージを喚起する」「②イメージを視覚化する」「③かき立てられた感情を実感し、それが今、実際に起こっているかのように経験する」**というものです。

アファメーションの書き方などは「クリエイティブ・ビジュアライゼーション」とほぼ同じような内容になりますが、同手法に比べて少しルールが細かいのが特徴です。

ルー・タイスによる「アファメーション法」

【アファメーションのやり方】
①アファメーションの言葉を声に出して読み、頭の中にイメージを喚起する
②言葉によって喚起されるイメージを視覚化する
③イメージによってかき立てられた感情を実感し、それが今、実際に起こっているかのように経験する

【アファメーションの書き方】
①どこを変えるかを考える
②目標を書き出す
③それぞれの目標を短いアファメーションの言葉にまとめる
④すでに経験している自分をイメージする
⑤細かい部分を描写する
⑥ポジティブな言葉を使う
⑦現実的な目標を設定する
⑧一人称現在形で目標を書き残す
⑨他人と比較はしない
⑩意志を貫く
⑪目標は秘密にしておく
⑫目標を人生の使命と調和させる

※出所：『アファメーション』（ルー・タイス）

調査⑤　ジョセフ・マーフィによる「アファメーション法」

次に、『潜在意識をとことん使いこなす』（C・ジェームス・ジェンセン／サンマーク出版）に出てくる、ジョセフ・マーフィによる「アファメーション法」を見ていきましょう。

ジョセフ・マーフィは、アイルランド出身の牧師であり、潜在意識の使い方や積極思考などを説いた著述家としても有名ですが、本書はマーフィの最も著名な作品である『眠りながら成功する』をもとにしながら、著者であるC・ジェームス・ジェンセンが独自の検証や、自分自身のエピソード、最新の研究結果や科学的根拠などを挿入していってでき上がった1冊となっています。

率直に言って、『眠りながら成功する』よりもこちらの方がわかりやすいため、今回は本書からマーフィが説いた「アファメーション法」を引用させていただきました。

やり方としてはシンプルで、**「①一人称・現在形で願望を達成したかのような言葉をかける」「②達成した自分の姿を思い描く」「③達成したときの気分を実感する」**という3ステップから成り立ちます。

アファメーションの書き方についてはルー・タイスによる「アファメーション法」ほど細かいルールはないですが、それ以外の内容はほぼ同じと考えてよいでしょう。

ジョセフ・マーフィによる「アファメーション法」

【アファメーションのやり方】
①一人称・現在形で、すでに目標を達成したかのような言葉を自分自身にかける。
（例）
・「○kgになって、見栄えも気分もよくなった」
・「私は○○のことが無条件で好きで、彼とのとてもいい関係を楽しんでいる」
②目標を達成した自分の姿をありありと思い描く
③目標を達成したときの最高の気分を実感する

【アファメーションのポイント】
・アファメーションは、1つあたり10～15秒くらいの長さにして、3～5回は繰り返すこと。
・1度に行なうアファメーションは15個以内にしておいた方がよい
・アファメーションを書く時は、心の中で望んでいるイメージをかきたてられる表現を心がける
・朝起きてすぐと夜眠る前が最もアファメーションを受け入れやすい

※出所：『潜在意識をとことん使いこなす』（C・ジェームス・ジェンセン）

調査⑥　イメージ化と自己宣言

次に、『7つの習慣』（スティーブン・R・コヴィー／キングベアー出版）に出てくる、「イメージ化と自己宣言」を見ていきましょう。

本書は世界で最も著名な自己啓発書の1つであり、ビジネスマンが勧めるビジネス書のランキングなどにも必ず登場する人気書籍ですが、意外にも本書の中にも「アファメーション」的な手法が登場します。

これが登場するのは「第二の習慣　目的を持って始める」の中であり、「自己宣言」という言い回しをしていますが、**「個人的」「積極的」「現在形」「イメージできる」「感情を表す」**など、アファメーションでおなじみのポイントが描かれていますので、これはアファメーション文の一種と考えてよいでしょう。

ただし本書の中では、「アファメーション法」や「クリエイティブ・ビジュアライゼーション」などと違い、「声に出して読む」ことは特に推奨されていません。代わりに、「イメージする」方法を勧めており、それも「椅子の座り心地、床の感触、着ているセーターの肌触りまで、心で感じ取る」と述べており、かなり精緻なイメージングを必要としているところがこの手法の特徴になります。

「イメージ化と自己宣言」

- 「自己宣言」文を作る
- 「自己宣言」文は、
  - 個人的なもの
  - 積極的なもの
  - 現在形のもの
  - イメージできるもの
  - 感情を表したもの

  という5つの要素を含んでいなければならない
- これを毎日数分間、体と心を完全にリラックスして、その通り実行している自分の姿をイメージする
- イメージの中の、椅子の座り心地、床の感触、着ているセーターの肌触りまで、心で感じ取る

※出所：『７つの習慣』（スティーブン・R.・コヴィー）

調査⑦　目標カード

次に、『ワン・ミニッツ・ミリオネア』（マーク・ヴィクター・ハンセン、ロバート・アレン／徳間書店）の中に出てくる、「目標カード」を見ていきましょう。

本書は、ベストセラー作家と財テクのプロが手を組んで執筆した異色の1冊で、「心」と「実践」の両面から、てっとり早くお金持ちになる方法が説かれています。著者の1人、マーク・ヴィクター・ハンセンは大ベストセラー『こころのチキンスープ』の共著者であり、もう1人の著者であるロバート・アレンはわずかな元手で不動産売買を行ない、億万長者になった人物です。

本書の中で紹介されている目標カードとは、一言で言えば**「かなえたい願望を毎日、カードに記入してそれを持ち歩き、声に出して読む」**というものです。

手法としては「クリエイティブ・ビジュアライゼーション」などと類似していますが、「署名と日付を入れる」「誰かに証人になってもらう」「月に1度は内容をアップグレードする」という、他にはない点も散見されます。また読み上げる頻度も、他の手法がだいたい1日2回（起床後、就寝前）としているのに対して、本手法では「1日4回」を推奨しており、ややハードルが高い内容となっています。

「目標カード」

- 達成したい目標を毎日、カード(7.5cm×12.5cm)に記入する
- 目標は、次の6つの領域別に分ける
  ①肉体的目標
  ②知的目標
  ③精神的目標
  ④組織的目標
  ⑤人的目標
  ⑥財政的目標
- すでに達成したような文言で書く
- また、文中に必ず「楽しい」というワードを入れる（例：「毎日400ドルずつ稼ぎ、1年250日だけ働く生活は、とても楽しい」
- カードは肌身離さず持ち歩き、朝食時、昼食時、夕食時、就寝時、1日4回は声に出して読み上げる(就寝時が一番大切)
- カードには署名と日付を記し、誰かに証人になってもらい、週に1度は決意表明通りになっていることを証人に示す
- 月に1度は内容をアップグレードする
- 目標がかなった自分の姿を映像化する
- 記入し、黙読し、声に出し、目で見る

※出所：『ワン・ミニッツ・ミリオネア』（マーク・ヴィクター・ハンセン／ロバート・アレン）

調査⑧　ビジョンボード

最後に、『達成の科学』（マイケル・ボルダック／フォレスト出版）の中に出てくる、「ビジョンボード」を見ていきましょう。

本書は、１０００人以上のゴールを達成させた経験と心理学に基づいて体系化された「達成の科学」について述べられた1冊です。著者のマイケル・ボルダックは、７歳の時に父親が母親を殺害するという事件を経験して吃音症と対人恐怖症となりますが、自己変革に目覚めて吃音症を克服し、世界一の目標達成コーチとなった人物とされています。

この「ビジョンボード」自体はアファメーションと同じく、自己啓発書ではおなじみのツールとなっていますが、本書にはその作り方、使い方が非常に丁寧に説明されています。

たとえば作り方のポイントとしては、**「お金持ちになったらしたいこと・買いたいものなどを考えて、その写真を貼る」「分野別に分ける」「ＳＭＡＲＴの原則に則る」**などの点が挙げられ、使い方としては、**「それが手に入ったと想像し、『これを手に入れたら、どう感じるか？』と自問自答する」**ことを勧めています。

他のアファメーション法などと違って、「声に出して読む」方法ではなく、「眺める」という方法を使って脳に浸透させるところがこの手法ならではの特徴と言えるでしょう。

「ビジョンボード」

【ビジョンボードの作り方・使い方】
- お金持ちになりたい理由（なったらしたいこと・買いたいものなど）を複数挙げる。
- その写真（良い車、家、旅行など）をビジョンボードに貼る。
- 毎日20分間タイマーをセットして、「理想の人生を生きるために、何が何でもやっている」と繰り返し唱える。（インカンテーション）
- そして、上記を繰り返しながら、ビジョンボードの写真を見てすでにそれが手に入ったと想像し、「これを手に入れたら、どう感じるか？」と自問自答する。
- これを毎日行なう。

【ビジョンボードのポイント】
- ビジョンボードは、次の分野で分ける
  「人間関係」
  「キャリア・ビジネス」
  「財政面」
  「環境」
  「スピリチュアル」
  「健康面」
- それぞれの夢は、「SMART」の原則に沿っていることが重要
  Specific（具体的な）
  Measurable（測定可能な）
  Attainable（達成可能な）
  Relevant（価値観に沿った）
  Time Sensitive（期限のある）

※出所：『達成の科学』（マイケル・ボルダック）

「夢をかなえる」手法を試してみた

さて、ここまで「夢をかなえる」ための様々な手法＝願望実現手法を見てきました。次はいよいよこれらの検証に入っていきたいと思います。

検証ポイントに関しては、まず「現実性」の面として、**「①その手法を現実的に、使いこなすことができるか？」**という点、次に「有効性」の面として、**「②その手法を使って、願望を実現することができるか？」**という点を見ていくことにしました。

またすでに見ていただいたように、各手法は微細な違いはあれど、大きくは**「願望実現の統合モデル」という一つのモデルに集約する**ことができます。そのため検証に当たっては、このモデルの各ステップごとに検証していく形をとりました。

以下では僕自身の願望を例にとって、どのようにこの統合モデルを使い、実際に願望をかなえることができたのかを述べていきたいと思います。

※ちなみに、僕がこれらの願望実現手法を初めて行なったのは数年前で、そのころはまだ一般企業に勤めるごく普通のサラリーマンだったので、現在の僕の状況とはかなり異なるという点だけ、ご留意いただければと思います。

1 願望の内容を文章や画像で表す

まずは「願望の内容を文章や画像で表す」ことから始めました。

第2章で見ていただいたように、僕のやりたいことは**「成功するコツを調査し、分析結果を執筆して、悩める若者たちに伝えること」**という言葉で定義できます。

これをもう少しブレイクダウンして考えていくと、**「執筆」**という言葉が示す通り、まずは「本を出版する」必要があります。そしてその「本」のジャンルは、「成功するコツ」と言っている通り、一般的には「成功哲学」とか「自己啓発」というジャンルになるでしょう。そこで、1つ目の願望として、**「成功哲学分野の作家になること」**を設定することにしました。

次に、**「調査」「分析」**という言葉が示す通り、成功哲学を専門的に調査・分析する研究機関が作れないかと考えました。以前から、政治経済や軍事関係をテーマとするシンクタンクがあるのに、「成功」とか「幸福」とか、人間にとって最も根源的なテーマを研究するシンクタンクがなぜないのか、不思議に思っていたからです。そこで2つ目の願望を**「成功哲学を専門に研究する会社を作ること」**としました。

最後に思いついたのは、**「悩める若者たちに伝える」**という言葉が示す通り、成功哲学を教える教育機関が作れないか、ということです。自己啓発の名著と言われる本を読んで「成功するためのコツ」に関する知識が増えるたびに僕は、なぜこんな大事なことを学校で教えてくれなかったのだろう、という憤りを覚えたものです。もしそれを小さいころに誰かが教えてくれていたら、僕は人生を間違えることはなかったのに……。なかば八つ当たりに近い感情ではありますが、そう思った僕はそうしたことを教える学校を作れないかと思いついたのです。そこで3つ目の願望を**「成功哲学を教える学校を作ること」**としました。

今一度、まとめると以下のようになります。

・成功哲学分野の作家になること
・成功哲学を研究する会社を作ること
・成功哲学を教える学校を作ること

ただ、これだけだと何か面白みに欠ける気がします。そこで僕は、これに加えてもう少し「俗な」願望も入れてみようと思い、次の3つの願望を足してみました。

・年収3000万円になること
・タワーマンションに住むこと
・高級外車を購入すること

以上、この6つの願望の達成を信じ、願い続けることで本当にかなうのかどうかを検証していくことにしました。

「文章で表現する」方法の検証

まずはこれを文章で表現してみることにしました。すでに書いたように、主な注意点は以下の通りです。

- 現在形で、すでにかなったかのように書く
- 一人称で主語を入れる
- 否定文は使わず、肯定文だけで表現する
- かなったところを想像して、その気持ちを表現する
- 数値的目標があれば、具体的な数字を入れる

これらを踏まえて、僕は先ほどの願望を次のような文章に直してみました。

・僕は現在、成功哲学分野の作家になっていて幸せです。
・僕は現在、成功哲学を教える学校を経営していて幸せです。
・僕は現在、成功哲学を研究する会社を経営していて幸せです。
・僕は現在、年収3000万円になっていて幸せです。
・僕は現在、タワーマンションに住んでいて幸せです。
・僕は現在、高級外車を持っていて幸せです。

実際に文章にしてみると、別に誰にとがめられているわけでもないのに、何か悪いことをしているかのような罪悪感と羞恥心を感じます。それはつまり、脳がそれだけこの情報を真剣にインプットしようとしていることであり、よい兆候と考えてよいでしょう。

しかしながら、これらの文章だけだと情報量が少なすぎて、どうも説得力に欠けるので、この文章に画像をつけることにしました。

「画像の場合」の検証

画像の場合の注意点は以下の通りです。

> ・理想を表した絵を描くか、理想に近い写真を探す
> ・自分の写真を絵や写真の中に入れる

まずは「絵」にするか「写真」にするかという選択肢がありますが、僕は絵を描くのが苦手なので、グーグルの画像検索で先ほど書いた願望に近い画像を探してみることにしました。

たとえば、「作家になる」という願望だとしたら、検索窓に「本」と入れて検索すると、本屋で平積みにされている本の画像などが出てきます。また「学校を作る」という願望だとしたら、「学校」と打って検索すれば、学生や教室、校舎の写真などが出てきます。これらの中から、自分の理想とするビジュアルイメージに近い画像をコピーし、パワーポイントのスライドに貼ってみました。

願望シートの例

僕は現在、成功哲学分野の作家になっていて幸せです。

・本の中で「成功するコツ」を紹介しています。

・著書が出る度に、10万部以上売り上げます。

・新聞、テレビ、雑誌などでとりあげられています。

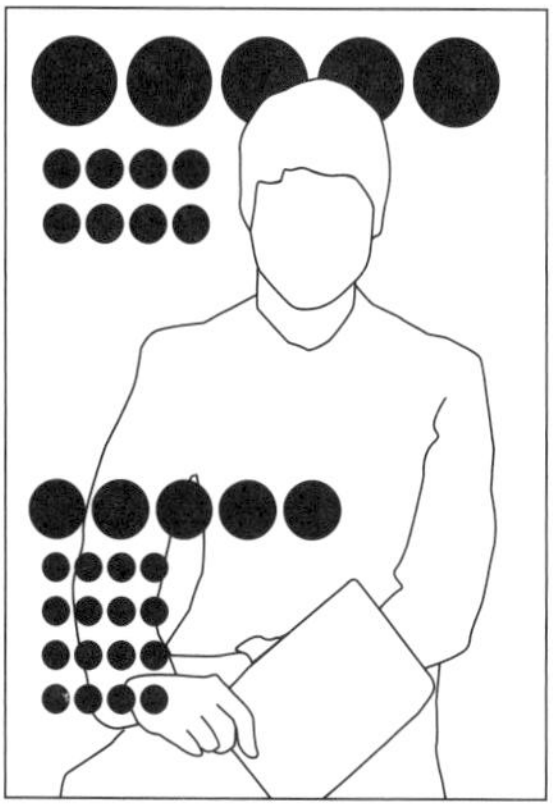

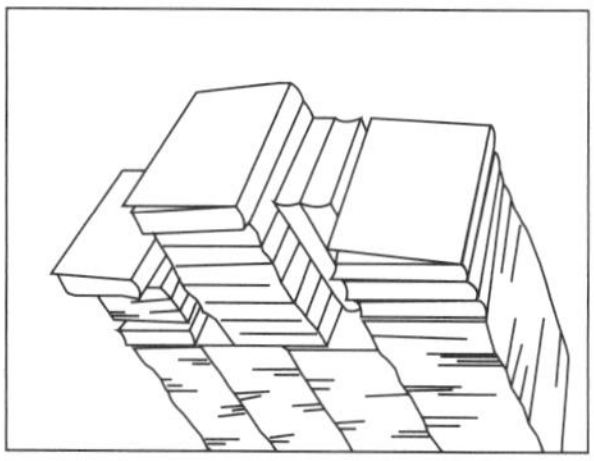

1枚のスライドにすべて貼るとごちゃごちゃしてしまうので、1願望につき1スライドに表現することにしました。スライドの上部に先ほどの願望の文章を入れ、その下にグーグル検索でコピーした画像何枚かと、自分の画像を何枚か貼ります。それでも余白が多くなってしまったので、先ほどの文章の下に、願望の詳しい内容を加筆してみました。

つまり、1つの願望ごとに、**1枚のスライドに、「願望の端的な文章（1行）」と「願望の詳しい文章（2〜3行）」「願望を表す画像＋自分の画像（数枚）」を入れる**ようにして、このシートを願望の枚数分（僕の場合は6枚）作成したのです（これに関しては、文章だけにする、画像だけにする、画像と文章の位置を入れ替えるなど様々なパターンを試してみましたが、上に文章を入れてその下に画像を入れるのが一番よいようです）。

これで必要なシート（以降、**「願望シート」**と呼称します）は準備ができました。

2　願望の内容を五感で味わう

次に第2ステップである、「願望の内容を五感で味わう」に入ります。「味わい方」には「貼って眺める」「イメージする」「声に出して読む」「振る舞う」という4つの方法がありますので、これを順番に試していくことにしました。

「貼って眺める」方法の検証

まず試したのは「貼って眺める」という方法です。

パワーポイントで作成した先ほどの「願望シート」を印刷して、自宅のパソコンが置いてある近くの壁に貼ってみました。そこが家で一番いる時間が長い場所であり、目にする時間も多くなると考えたからです。

次にもう1枚、今度は縮小して印刷し、手帳の裏表紙に貼りました。手帳も、ほぼ毎日必ず開くからです。

これを3ヵ月ほど試してみたのですが、**結論から言うと、この方法はあまりうまくいきませんでした**。

なぜかというと、ずっと同じ場所に貼ってあるとそれが「いつも見慣れた景色の一部」になってしまい、**それが視界に入っても、それを意識しなくなってしまう**のです。これでは「五感で味わう」ことになりません。

そこで時間を決めて、決まった時間に眺めるようにしたのですが、どうも常に貼ってある文章や画像はやはり見慣れてしまい、効果的に「味わう」ことがどうも難しくなってしまうのです。たとえるなら、いくら美味しい高級食材でも毎日食べたら飽きてくるような感覚でしょうか。

このため僕は、「貼って眺める」という方法に関しては、「現実性」「有効性」、両面ともNGという結論を出し、次の方法を試すことにしました。

※ちなみに、278ページに出てくる「ポジティビティ・ポートフォリオ」においても、やはり**「常に」目にするのではなく、「必要な時だけ」目にすること**を勧めています。やはりずっと見ているとその効果が落ちてしまうのでしょう。

「イメージする」方法の検証

次に試したのは「イメージする」という方法です。

毎朝、決まった時間に、「願望シート」を眺めながら、一つひとつの願望がかなったところを想像するようにしてみました。

たとえば、「作家になる」だとしたら、書店で僕の著書が平積みにされているところ、「学校を経営する」だとしたら教室で学生に授業をしているところ、といった具合です。

これも結論から言うと、1週間で挫折しました。理由は簡単で、「イメージする」ということ自体が非常に難しかったからです。

僕自身はもともと、妄想をするのは好きなのですが、それはふとした時に勝手にイメージが膨らんでいて、結果として「妄想をしている」のであって、「さあ、今からこういう妄想をしよう」と決めてするのはとても難しかったのです。

よほど想像力が豊かな人じゃないとこれを継続的に行なうのはまず無理だろう、と自分の中で結論づけ、次の方法に挑戦することにしました。

「声に出して読む」方法の検証

次に試したのは「声に出して読む」という方法です。

毎朝、決まった時間に、「願望シート」を眺めながら、一つひとつの願望を音読することにしました。さらに「貼って眺める」の際の失敗を教訓に、今回は**印刷して貼ったものを読むのではなく、毎回パソコン上でファイルを立ち上げて読む**ことにしました。

はじめは朝起きた直後と夜寝る前、毎日2回読んでいたのですが、夜寝る前にやると、変にテンションが上がってしまって眠れなくなるので、夜は途中からやめ、毎朝、朝食を食べる前に1回読むことにしました。

初めて声に出して読んだ時に感じたことは、文章化してみた時と同様、別に誰に聞かれているわけでもないのに、「僕は現在、成功哲学分野の作家になっていて幸せです」「僕は現在、成功哲学を教える学校を経営していて幸せです」などと口に出していると、嘘を言っているという罪悪感や羞恥心を感じるということです。これも、それだけ脳がこの事実を真剣にインプットしようとしている証左でもあります。

さらに途中からは、ただ文章を読むだけでなく、**読み終わった後に、余韻を楽しむように画像を数秒眺めるような工夫を施しました**。その方が、より生々しくその願望を「味わう」ことができるからです。

この方法に関しては、**結果として8年以上続けることができました**。ただ声に出して読むだけなので、ほとんど労力もかからず、運用の「現実性」に関してはまったく問題ありませんでした。

では、肝心の「有効性」に関してはどうだったのでしょうか？　これを続けることで何か効果があったのでしょうか？

これに関しては後で述べるとして、次の方法を見ていきたいと思います。

「振る舞う」方法の検証

次に試したのは「振る舞う」という方法です。

つまり、あたかもすでに願望がかなったかのように振る舞うということですが、**これが一番難しかったです**。

たとえば、「作家になっているように振る舞う」「学校の経営者のように振る舞う」として、具体的にどんな行動をすればいいと思いますか？　たとえば、作家や学校の経営者は朝、何時に起きて、何を食べて、どこに出かけて、誰と交流していそうでしょうか？

僕の想像力が貧困すぎるのか、具体的なイメージがあまり思い浮かばず、**「振る舞う」に関しては「現実性」の面ではじめから諦めることにしました。**

結果として、「五感で味わう」方法としては、**「声に出して読む」という方法を採用し、**これを日課として続けることにしました。

3　願望がかなったと信じ、かなった時の喜びを実感する

前述の通り、毎日僕は自分の願望を「声に出して読む」ということを続けました。

先ほど、初めて読んだ時に罪悪感と羞恥心を感じたと述べましたが、毎日続けているといつしかその感情は霧消します。それはつまり、脳がそれを真実と受け入れ、信じ始めたことを意味します。

いったんそうなると、恐ろしいことに、ふと気づくと自分が「作家になる」ということが**ごく当然の事実であるかのように考えるようになってきます**。そうなると、同時に「まだ作家になっていない現状」にだんだんとストレスを感じるようになり、それまでの自分だったらとてもできないような大胆な行動がとれるようになるのです。

たとえば僕自身は、この日課を始めてから2年後くらいに、作家としてデビューすることが決まったのですが、そのきっかけは自分が書きたい本の企画書を作り、あちこちの出版社に売り込んだことでした。

本来僕は、ふだん友だちを遊びに誘うことすら、「断られたらどうしよう」とか、「迷惑だと思われないだろうか」とか考えてなかなか連絡できないタイプです。一種、洗脳状態になっていたからこそここまで大胆な行動ができたのだと思います。

では、当初設定した願望は8年間でどの程度かなったのでしょうか？

現在時点での達成状況をお知らせしたいと思います。

- **成功哲学分野の作家になる　↓◯：これまでに５冊の本を上梓**
- **成功哲学を教える学校を作る　↓△：個人セミナーを定期開催**
- **成功哲学を研究する会社を作る　↓◯：会社法人を設立し、研究を継続**
- **年収３０００万円になる　↓×：年収１０００万にも届かず**
- **タワーマンションに住む　↓×：普通の賃貸物件に居住**
- **高級外車を乗り回す　↓×：国産車すら購入できず**

これを見ると、最初の3つに関しては、完全にかなったとは言えないまでも、**ある程度のレベルまでは達成している**ことがわかります。この意味で、「有効性」に関しても一定の効力を認めていいのではないかと考えています。

ただ一方で、後の3つに関しては、**ほぼ進捗がありません**。この違いは何でしょうか？

まず、はじめの3つは精緻な自己分析を踏まえて導出された「願望」であり、自分が心からかなえたい夢です。自分の残りの人生の大部分を犠牲にしてもかなえたいと思うし、それをかなえることが社会的にも大きな価値をもたらすと信じています。

しかしながら、後の3つは、試しに入れてみた願望ということもあって、正直言って絶対にかなえたい夢かと言われると、そこまででもありません。

もちろん、お金持ちになりたい、いい家に住みたい、いい車に乗りたい、という欲望がないかと言われると嘘になりますが、そのためにすごく努力をしたり、何かを犠牲にしてまでほしいかと言われると、正直そうでもないのです。そういう意味では、かなり自分の中での優先順位が低いと言ってよいでしょう。

つまり、願望の達成具合を分けるのは、最終的には**「その願望をどれだけ真剣にかなえたいと思っているのか」**という点ではないかと考えられます。だからこそ、第2章で見ていただいたような自己分析が大切なのでしょう。

この点について、ハーバード大学でポジティブ心理学の講師を務めたショーン・エイカーは、彼の著書『成功が約束される選択の法則』（徳間書店）の中で、134ページでご紹介した「ビジョンボード」の有効性を認めた上で、**「それを達成することが自分自身にとって意義があると思うゴールを設定すること」が重要であること**を指摘しています。

検証結果の総括

さて、ここまで見ていただいたように、**「願望実現の統合モデル」は、有効に働く**ことがある程度確認できたと言ってよいかと思います。

具体的には、「①願望の内容を文章や画像で表す」に関しては、**1つの願望につき1シートで、上に文章を入れて下に画像を入れる**やり方が最適であることがわかりました。

また「②願望の内容を五感で味わう」に関しては、**「声に出す」という方法が「現実性」「有効性」の両方から見て優れていました。**

さらに「③願望がかなったと信じ、かなった時の喜びを実感する」に関しては、**毎日音読していると、自己洗脳され、「かなって当然」という気持ちになってくる**ことがわかりました。

そして最も大切なことは、**自分が心から達成したいと思っている願望を設定すること**であるということもわかりました。

ただ一点だけ、長年このモデルを使っている中で、意外な弊害があることに気づいたのでの点を補足しておきましょう。

前述のように、毎日自分の願望を声に出して読んでいると、脳がその願望が実際にかなうことを信じ始めます。そしてそれがかなうことが、ごく当然の事実であると考えるようになってしまうがゆえに、**実際にそれがかなった時の感動が「薄れてしまう」**傾向があります。

初めて本を出版することが決まった時、あるいは初めて起業した時、もちろんそれなりの喜びがありましたが、心のどこかで「当然だろう」とか「やっとかよ」と思って冷めている自分がいました。たとえるなら、あらかじめ内定をもらっていた企業から、正式な採用通知が来た、という感覚でしょうか。もちろん正式な通知をもらった喜びはあるのですが、あらかじめほぼ採用にはなるだろうということはわかっていたので、びっくりするような喜びとはちょっと違う、ということです。

そんな弊害もあることを最後に付け加えておきます。

「願望実現の統合モデル」の検証結果

		現実性 現実的に使いこなせられるか？	有効性 願望を実現させられるか？	備考
1.願望の内容を文章や画像で表す	①文章	○	○	1つの願望につき1シートで、文章＋画像をセットにして表現するのが一番よい
	②画像			
2.願望の内容を五感で味わう	①貼って眺める	×	―	「声に出す」方法以外は、現実的に継続不可能だったが、「声に出す」方法では実際に願望がかなった
	②イメージする	×	―	
	③声に出して読む	○	○	
	④振る舞う	×	―	
3.願望がかなったと信じ、かなった時の喜びを実感する		○	○	毎日音読していると自己洗脳され、「かなって当然」という気持ちになってくる

「夢をかなえる」にはどうすればいいのか？

さて、ここまで「夢をかなえる」ための様々な手法と、その検証結果を見ていただきました。簡単におさらいしたいと思います。

まず、「夢をかなえる」ためのステップ（「願望実現の統合モデル」）は、

① 願望の内容を文章や画像で表す
② 願望の内容を五感で味わう
③ 願望がかなったと信じ、かなった時の喜びを実感する

という3段階で成り立っており、そうすることで、脳が実際にそれをかなえようとするということがわかりました。

また願望の内容は具体的には、1つの願望ごとに1シートに**「上に文章を入れて、下に画像を入れる」**という表現の仕方がよいことがわかりました。

そして「五感で味わう」ための方法は、「貼って眺める」「イメージする」「声に出して読む」「振る舞う」という4つがありましたが、検証の結果、**「声に出して読む」という方法が現実性、有効性の両面から見て優れている**ことがわかりました。

さらに、最も大切なことは、「本当に自分がかなえたいと思う願望を設定すること」であり、**心からかなえたいと思っている願望ほど実現されやすい**こともわかりました。

ただし、これらを行なうことで、「実際に夢がかなった時の感動が薄まる」という弊害もあることがわかりました。

すでに見ていただいたように、僕自身この手法を使ってある程度の夢をかなえてきていますし、その有効性はご覧いただいた通りです。

何よりこの手法の素晴らしいところは、お金も労力もほぼ必要なく、リスクもゼロであるところです。毎日、自分の描いた夢をただ音読するだけでそれがかなうならこんな簡単なことはないですし、よしんばそれがかなわなかったとしても、特に失うものはありません。ですから、かなえたい夢を持っている人は、ためらうことなく、どんどんこの手法を利用していくべきだと僕は思います。

ただし、強調しておきたいのは、こうした手法を実践することで、魔法のように自動的に願望がかなうということではないという点です。前述のように、自分を洗脳することで、ふだんの自分ではできなかったような「行動」を積み重ねたからこそ、ある程度の効果をもたらしたのです。そういう意味では、この手法が働きかけるのはあくまで「意識」という間接部門であり、直接的に夢をかなえるのは「行動」の部分です。

次の章では、この「行動」の面をもう少し詳しく見ていきたいと思います。

第3章のまとめ

1

あなたの心からかなえたい願望を考えよう。

——そのために、充分に自己分析をしよう。

2

その願望を文章と画像で表現しよう。

——「現在形・一人称」ですでにかなったような文章を作ろう。

3

その文章を毎日、声に出して読もう。

——読みながら、かなったシーンを想像して喜びを実感しよう。

第4章

「目標を達成する」にはどうすればいいのか？

MOKUHYO WO TASSEI SURU NIHA DOU SUREBA IINOKA?

序論

「目標を達成する」とは？

本章では、成功を得るための3つ目の戦略、「**目標達成のための計画を作り、実行する**」方法論について見ていきます。

「目標達成」というテーマは、自己啓発書でとりあげられる最も主要なテーマの一つと言ってよいでしょう。極端に言えば、自己啓発という分野自体が何らかの目標を達成することを目的とした分野であると言っても過言ではないかもしれません。

ただし、「目標達成」そのものをメインテーマとした書籍は、比較的最近のものが多く、本章でご紹介する、『やってのける　意志力を使わずに自分を動かす』（ハイディ・グラント・ハルバーソン／大和書房）や、『世界のトップエリートが絶対に妥協しない　小さな習慣』（キャロライン・L・アーノルド／大和書房）のほか、第2章に出てきた『ゴール　最速で成果が上がる21ステップ』（ブライアン・トレーシー／PHP研究所）、第3章で出てきた『達成の科学』（マイケル・ボルダック／フォレスト出版）などが例として挙げられます。

「目標」の類別

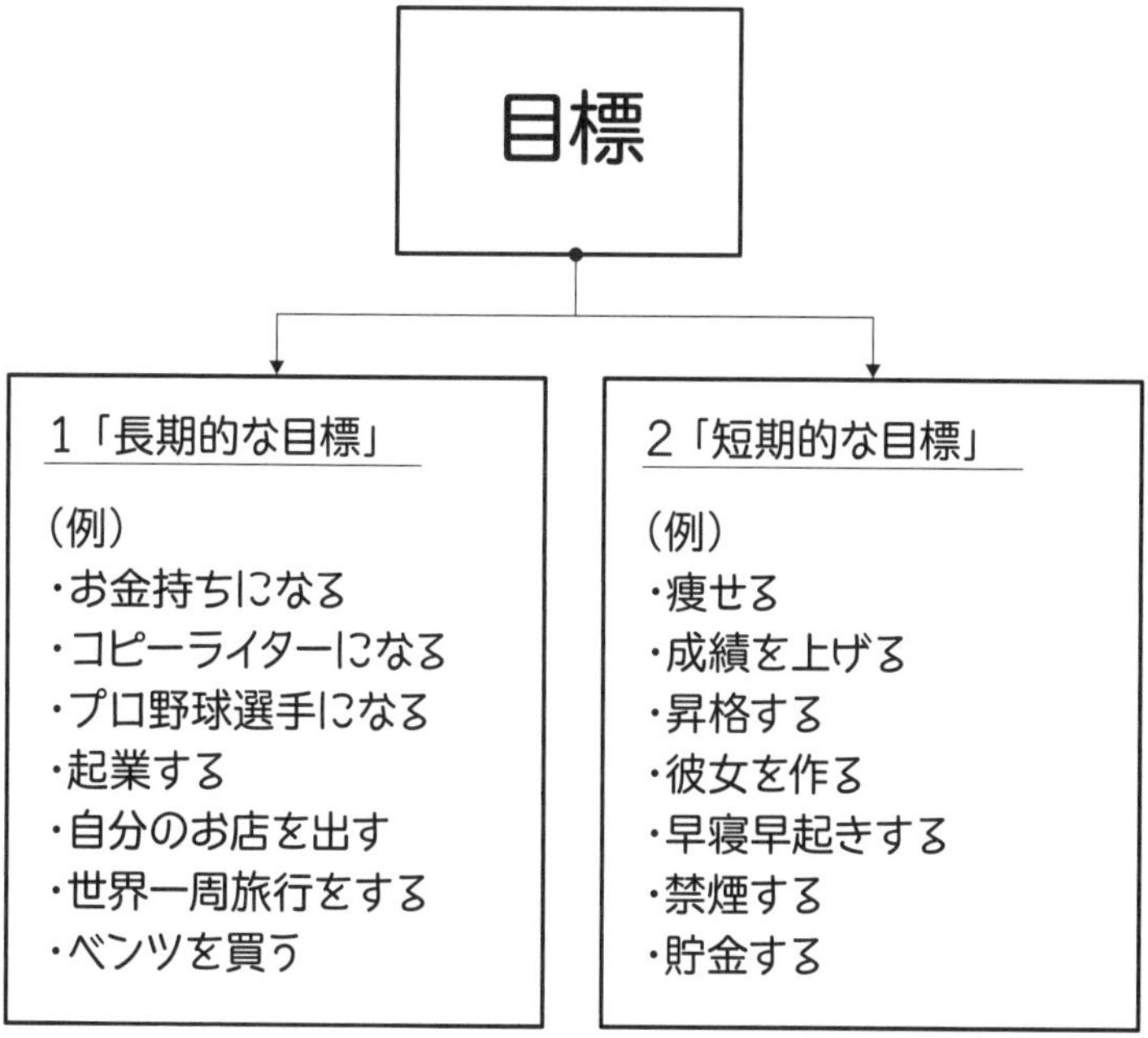
目標
1「長期的な目標」
(例)
・お金持ちになる
・コピーライターになる
・プロ野球選手になる
・起業する
・自分のお店を出す
・世界一周旅行をする
・ベンツを買う
2「短期的な目標」
(例)
・痩せる
・成績を上げる
・昇格する
・彼女を作る
・早寝早起きする
・禁煙する
・貯金する

ではそもそも、「目標」とは何でしょうか。僕たちはいろいろなシーンでこの「目標」という言葉を使いますが、この言葉自体の汎用性が高すぎるため、少しその語義を整理しておく必要があるのではないかと思います。

たとえば、「人生の目標」といったような**「長期的な目標」**という文脈で使う場合、「お金持ちになる」「コピーライターになる」「プロ野球選手になる」など、いわゆる「夢」という意味合いで使うことが多いと思います。

一方で、「今年の目標」「この夏の目標」といったような**「短期的な目標」**という文脈で使う場合、「痩せる」「成績を上げる」「昇格する」といったもう少し現実的な目標を指すことが多いかと思います。

同じ「目標」という言葉ですが、微妙にニュアンスが異なるため、この2種類は峻別して考えた方がよいでしょう。

ただいずれにしても、同じような意味合いを持つ、「夢」とか「願望」という言葉に比べて「目標」という言葉には、どこか「絶対に達成しなければならない」という重圧感を感じさせるようなところがある気がしませんか？

僕自身、何か「目標」として課せられると、そのプレッシャーに耐えかねてその場から逃げ出したくなるところがあり、あまりすんなりと達成できた試しがありません。そこで僕のような人間でも活用できる、あまり労力を使わないで目標を達成できる方法がないかと、ずいぶんいろいろな文献を当たりました。

まずは過去の文献を引用しながら、これまでに提唱されている「目標を達成する」ための手法（ここでは**「目標達成手法」**と呼称します）を見ていきたいと思います。

※理屈はいいからとにかく結論だけ知りたい、という人は、201ページの「**【結論】「目標を達成する」にはどうすればいいのか？**」まで飛んでいただいても構いません

「目標を達成する」ための手法を調査する

ではここからは、具体的な手法について見ていきたいと思います。

過去の様々な文献を紐解いてみると、「目標を達成する」ための手法＝「目標達成手法」は、先ほど類別した2種類の目標に対応して、主に「長期的な目標」に対する手法と、主に「短期的な目標」に対する手法の2つに分けることができます。

ただし、わざわざ「主に」という言い方をしたように、各手法とも「これは長期的な目標に対して効きます」「これは短期的な目標に対して効きます」と明言されているものではなく、あくまで引用元にあった説明の前後の文脈から、僕の方で推測して分類したものになります。そのため、この2つのグルーピングはかなり曖昧なものであり、便宜的なものであることをお断りしておきます。

さらに言うと、その手法の中身を見ると、「長期的な目標」に対する手法と「短期的な目標」に対する手法とではほとんど違いはありません。

具体的には、「長期的な目標」「短期的な目標」の如何を問わず、「目標達成手法」は主に次のような項目から成り立っていることがわかります。

①心から達成したい目標を立て、達成のメリットを認識する
②達成期限つきの、具体的な目標を立てる
③目標達成を阻む障害を確認し、乗り超える戦略を立てる
④段階的で、達成可能な目標に落とし込む
⑤行動するきっかけを決めて実行し、達成状況を管理する

これから見ていただく各手法のレビューをご覧いただくとわかる通り、本章でとりあげた目標達成手法のすべてにおいて、これらの項目が採用されています。そこで本章では、この5項目を**「目標達成のゴールデンルール」**と呼称することにします。

それでは次のページから、個別の手法の内容を一つひとつ簡単にレビューしていきたいと思います。

1　主に「長期的な目標」に対する手法

調査①　人生の目標を定める際の5つのルール

はじめに、『あなたはいまの自分と握手できるか』（アンソニー・ロビンズ／三笠書房）に出てくる「人生の目標を定める際の5つのルール」を見ていきましょう。

本書は成功への強い信念を持ち、アクティブに行動を起こすことを力強く説いた1冊です。本書の著者、アンソニー・ロビンズは、世界ナンバーワン・カリスマコーチとして活躍しており、世界5000万人以上に多大な影響を与えていると言われています。

「人生の目標を定める際の5つのルール」は**「①前向きで建設的な目標を立てる」「②目標はできる限り具体的な形で述べる」「③目標を達成したら自分はどう変わるのかを描く」「④自力で達成できるものを目標とする」「⑤周りの人々にも恩恵をもたらすものを目標として設定する」**です。先に見た「目標達成のゴールデンルール」のうち、「心から達成したい目標を立てて、達成のメリットを認識する（イメージする）」「達成期限つきの、具体的な目標を立てる」「（自力で）達成可能な目標を立てる」の3つが含まれます。

「人生の目標を定める際の５つのルール」

①前向きで建設的な目標を立てる。「何をしたくないか」ではなく、「何をしたいか」をはっきりさせる。

②目標はできる限り具体的な形で述べる。また、必ず目標達成への期日や期限を定める。

③目標を達成したら自分はどう変わるのかを具体的なイメージとして描いておく。

④自力で達成できるものを目標とする。自分が幸福になるのに他人を頼ってはいけない。

⑤自分自身はもとより、周りの人々にも恩恵をもたらすようなものを目標として設定する。

※出所：『あなたはいまの自分と握手できるか』（アンソニー・ロビンズ）

調査② 目標設定の7つのステップ

次に、『史上最強の人生戦略マニュアル』（フィリップ・マグロー／きこ書房）の中に出てくる「目標設定の7つのステップ」を見ていきましょう。

本書は理想と現実のズレを正確に認識すればどんな問題も解決できることを示し、全米で発行部数370万部を突破した大ベストセラーです。本書の著者、フィリップ・マグローは20年以上にわたって戦略的人生設計の分野を研究しており、アメリカ有数の訴訟コンサルタント会社コートルーム・サイエンシィス（法廷科学）の共同設立者兼社長として活躍する一方、コミュニケーションや対人関係に関するセミナーを開催し、効果的な人生設計の立て方を多くの人にアドバイスしています。

本書の後半に出てくるこの「目標設定の7つのステップ」は、マグローが人生の目標を達成しやすくするステップを示したもので、**「①具体的な形で自分の目標を表現する」**〜**「⑦進捗状況に責任を持つ」**までの7つの項目から成り立ちます。

内容を見ると、「目標達成のゴールデンルール」のうち、「達成期限つきの、具体的な目標を立てる」「目標達成のための戦略を立てる」「段階的で、達成可能な目標に落とし込む」「達成状況を管理する（責任を持つ）」という4つが含まれています。

「目標設定の７つのステップ」

①具体的な出来事や行動の形で自分の目標を表現する

②達成度を測れるような形で目標を表現する

③目標に期限を設ける

④コントロール可能な目標を選ぶ

⑤目標達成につながる戦略を立てる

⑥段階的な目標を定める

⑦目標達成までの進捗状況に責任を持つ

※出所：『史上最強の人生戦略マニュアル』（フィリップ・マグロー）

調査③ 目標を設定して達成するための7つのステップ

次に、『ブライアン・トレーシー 100万ドルの法則』（ブライアン・トレーシー／きこ書房）の中に出てくる「目標を設定して達成するための7つのステップ」を見ていきましょう。本書は、「一代で財を築く億万長者」というテーマで著者が行なってきた、15年間にわたる調査、教育、および自分自身の経験をまとめた1冊です。著者であるブライアン・トレーシーはセールスマンから大会社の重役まで昇りつめた人物で、66ページでご紹介している『ゴール 最速で成果が上がる21ステップ』（PHP研究所）など、様々な書籍がベストセラーとなっています。

「目標を設定して達成するための7つのステップ」は、トレーシー曰く億万長者になるためのメソッドであり、**「①自分が何を求めているか、正確に把握しよう」～「⑦毎日一番大切な目標に近づけるようなことをしよう」**までの7つの項目から成り立ちます。

内容を見ると、「目標達成のゴールデンルール」のうち、「達成期限つきの、具体的な目標を立てる」「目標達成のための戦略（アクションプラン）を立てる」「段階的で、達成可能な目標に落とし込む」「（毎日）実行する」という4つが含まれています。

「目標を設定して達成するための７つのステップ」

①人生のあらゆる局面、特に経済面において自分が何を求めているか、正確に把握しよう。大抵の人はこれを実践しない。

②あなたの目的をはっきりと具体的に紙に書き出そう。目標を書き出してみると、頭と手の間にびっくりすることが起きる。

③目標ごとに期限を設定しよう。目標が大きすぎたら一段階下の目標を設定しよう。目標にすべきターゲットを定めよう。

④各目標を達成するためにしなくてはならないことを思いつくままリストに書き出そう。新たなアイデアを思い付いたらリストに追加し、完成させよう。

⑤リストをもとにアクションプランを作成する。真っ先にすることと後ですることを決定しよう。何が重要なのか、何が重要ではないのかを決定しよう。

⑥アクションプランを直ちに実行に移そう。ぐずぐずしたり遅らせたりといった原因で、驚くほど数多くの素晴らしい目標やプランが日の目を見ることなく消えていく。

⑦これが一番重要だが、毎日、あなたにとって一番大切な目標に、少なくとも一歩は近づけるようなことをしよう。毎日の行動についてこのような約束を行なうと、達成すると決めたあらゆることにおいて大きな成功を収められるだろう。

※出所：『ブライアン・トレーシー 100万ドルの法則』（ブライアン・トレーシー）

調査④　目標達成するプロセス

次に、『ウォートン・スクールの本当の成功の授業』（リチャード・シェル／ディスカヴァー・トゥエンティワン）に出てくる「目標達成するプロセス」を見ていきましょう。

本書は、「成功とは何か？」「どうやって成功するか？」という2つの大きな問いに答える1冊となっています。著者であるリチャード・シェルは、ペンシルベニア大学ウォートン・スクールの法学・企業倫理・経営学教授、かつ同校の人気講座「成功の授業」の創設者であり、教授職の傍ら、アメリカ海軍特殊部隊、FBI交渉人、フォーシーズンズ・ホテル幹部、グーグル管理職など幅広いジャンルのエリートたちを指導しています。

「目標達成するプロセス」は**「①挑戦する価値のある目標を立てる」「②想像力と直感を活かしてアイデアを生み出す」「③SMARTな計画を立てる」「④計画を小さなステップに分ける」「⑤即興的に、臨機応変に対処する」**という5つの項目から成り立ちます。

内容を見ると、「目標達成のゴールデンルール」のうち、「（情熱に耳を傾けて）心から達成したい目標を立てる」「達成期限つきの、具体的な目標を立てる」「目標達成を阻む障害を確認し、乗り超える戦略を立てる」「段階的で、達成可能な目標に落とし込む（小さなステップに分ける）」という4つが含まれています。

「目標達成するプロセス」

①情熱に耳を傾け、挑戦する価値のある目標を立てる
- 取り組むべき問題を特定し、定義する。そのために友人や同僚の力を借りるとよい。

②想像力と直感を活かしてアイデアを生み出す
- 就寝中やリラックスしている時によいアイデアは浮かびやすい。適切な問題を切り出したら、メモを準備して待つ。

③SMARTな計画を立てる
- 具体的（Specific）、測定可能（Measurable）、実行可能（Actionable）、意義や目的に則している（Relevant）、期限が明確（Timely）な計画を立てる

④計画を小さなステップに分ける
- 大きな目標を持つと気が遠くなる。そこで、それをコントロール可能な単位に分けていく。

⑤即興的に、臨機応変に対処する
- いろいろな障害に対して柔軟に対応していく。

※出所：『ウォートン・スクールの本当の成功の授業』（リチャード・シェル）

2　主に「短期的な目標」に対する手法

調査⑤　WOOP

次に、『成功するには ポジティブ思考を捨てなさい』（ガブリエル・エッティンゲン／講談社）に出てくる「WOOP」を見ていきましょう。

本書は、巷にはびこる「ポジティブシンキング肯定論」に取って代わる目標達成方法を提唱した1冊です。本書の著者、ガブリエル・エッティンゲンはニューヨーク大学、ハンブルク大学の心理学教授で、認知、感情、行動における思考の影響について研究しています。

この「WOOP」は、ガブリエル・エッティンゲン教授が科学的な検証を踏まえて開発した目標達成メソッドであり、まずは自分の**「①願い」**を考え、次にそれを達成して得られる最善の**「②結果」**を想像した後に、達成を妨げる**「③障害」**を確認し、その障害を克服する**「④計画」**を立てる、というものです。

内容を見ると、「目標達成のゴールデンルール」のうち、「達成のメリット（最善のこと）を認識する」「目標達成を阻む障害を確認し、乗り超える戦略（計画）を立てる」「行動するきっかけを決める」という3つが含まれていることがわかります。

「WOOP」

①「Wish（願い）」。私生活あるいは仕事上の願いを1つ考える。簡単ではないが一定期間のうちに達成できると思うこと。複数ある場合には最重要なものを1つ選ぶ。

②「Outcome（結果）」。願いを達成することから連想される、最善のことを心の目で見つめよう。真剣に、関連する出来事や経験をできる限り鮮明に想像すること。

③「Obstacle（障害）」。望み通りに事が運ばないのは、あなたの中で何が引き留めているのか？　あなたの願いをかなえることの一番重大な心の中の障害を見つけよう。

④「Plan（計画）」。障害を克服または回避するための自分にできる考えや行動で、最も効果的なものを1つ挙げて、心の中にとどめておく。そして、障害がいつ、どこで起きるかを考えて「もし障害Xが起きたら、行動Yを起こす」。この計画を心の中で、もう一度繰り返すこと。

※出所：『成功するにはポジティブ思考を捨てなさい』（ガブリエル・エッティンゲン）

調査⑥　達成率を高める目標管理

次に、『その科学が成功を決める』（リチャード・ワイズマン／文春文庫）に出てくる、「達成率を高める目標管理」を見ていきましょう。

本書は巷に溢れる自己啓発法を科学的調査から検証し、その真偽を明らかにした上で、すぐに実践できて効果のある自己啓発法を紹介した1冊です。著者のリチャード・ワイズマンは英国ハートフォードシャー大学の教授で、超常体験、超自然現象を疑問視する研究でも国際的に知られています。

この「達成率を高める目標管理」は、ワイズマン教授が5000人以上の人を集めて、自分の立てた目標に対してどんな人が達成できるかを調査し、達成できた人の特徴をまとめたもので、具体的には、目標を達成できた人には**「①小さな目標にブレイクダウンする」「②目標について人に話す」「③目標を達成したときのプラス面を考える」「④自分にご褒美を出す」「⑤進捗状況を記録する」**という5つの特徴が見られたとしています。

内容を見ると、「目標達成のゴールデンルール」のうち、「達成のメリット（プラス面）を認識する」「段階的な（小さな）目標に落とし込む」「達成状況を管理（記録）する」という3つが含まれています。

「達成率を高める目標管理」

①小さな目標にブレイクダウンする

②目標について人に話す

③目標を達成したときのプラス面を考える

④自分にご褒美を出す

⑤進捗状況を記録する

※出所：『その科学が成功を決める』（リチャード・ワイズマン）

調査⑦　成し遂げるための方法

次に、『やってのける　意志力を使わずに自分を動かす』（ハイディ・グラント・ハルバーソン／大和書房）の中に出てくる、「成し遂げるための方法」を見ていきましょう。

本書は「やるべきことをわかっていても、行動できないのはなぜか？」「自分のモチベーションを上げるには、どうすればいいか？」という問題に明快な答えを出し、「行動」を起こすためのありとあらゆる「戦略」を提示する1冊です。著者のハイディ・グラント・ハルバーソン博士は社会心理学者であり、コロンビア大学ビジネススクール・モチベーションサイエンスセンター副所長で、モチベーションと目標達成の分野の第一人者です。

この「成し遂げるための方法」は、**「目標は具体的に設定する」「現実的で難易度の高い目標を設定する」「目標達成の障害になるものを明らかにする」**など、本書の中で語られている、目標達成のポイントをまとめたものです。

内容を見ると、「目標達成のゴールデンルール」のうち、「心から達成したい目標を立て、達成のメリットを認識する」「具体的な目標を立てる」「目標達成を阻む障害（ハードル）を確認する」「達成可能な目標に落とし込む」「具体的な行動とそのきっかけ（合図）を決める」という5つの全項目が含まれています。

「成し遂げるための方法」

・目標は具体的に設定する
・現実的なレベルで難易度の高い目標を設定する
・目標達成の障害になるものを明らかにする
・「もし○○したら、○○をする」という条件型計画を立てる
・「なぜするのか」「何をするのか」を具体化する
・「いつ」「どこで」するのかを明確化する
・ポジティブに考える
・「得られるメリット」と「超えるべきハードル」を考える
・目標を言葉にして無意識に働きかける
・行動をする「合図」を決める
・「関係性」（人間関係をよくする）「有能感」（技能を向上させる）「自律性」（情熱が持てる）など、永続的な幸福感と充足感を得られる目標を立てる

※出所：『やってのける　意志力を使わずに自分を動かす』
（ハイディ・グラント・ハルバーソン）

調査⑧　マイクロ目標

最後に、『世界のトップエリートが絶対に妥協しない　小さな習慣』（キャロライン・L・アーノルド／大和書房）の中に出てくる、「マイクロ目標」を見ていきましょう。

本書は、運動、ダイエット、片付け、時間管理など、様々な分野で応用できる目標達成法について述べられた1冊です。著者であるキャロライン・L・アーノルドは世界最大級の投資銀行ゴールドマン・サックス社の女性役員で、グーグル社の革新的なオークションシステムを構築したことで知られています。

「マイクロ目標」とはその名の通り、1～2個の小さな目標を確実に達成していくメソッドであり、ポイントとして、**「確実に続けられて、無理のない目標にする」「『行動』に関する目標を立てる」「すでに習慣化されているきっかけを利用する」「どの行動を目標とすべきか、徹底的に原因分析をする」「ポジティブな言葉で表現する」「目標は一度に2つまでにとどめる」**などが挙げられています。

内容を見ると、「目標達成のゴールデンルール」のうち、「目標達成を阻む障害を確認し、乗り超える戦略を立てる」「達成可能な（無理のない）目標に落とし込む」「行動するきっかけを決める」という3つが含まれていることがわかります。

「マイクロ目標」

- 確実に続けられて、無理のない目標にする
（例：「毎日ウォーキングする」は物理的に無理があるが「週に1回歩いて通勤する」ならこなせる）
- 「結果」に関する目標ではなく、その結果を生み出すための「行動」に関する目標を立てる
（例：「10kg体重を落とす」ではなく「夜寝る前に食べない」にする）
- すでに習慣化されている「きっかけ」を利用する
（例：「メールチェックの前にTo Doリストをチェックする」）
- どの行動を目標とすべきか、徹底的に原因分析をする
（例：「遅刻してしまう」原因は「財布の中身が整えられていない」ことにあった）
- ポジティブな言葉で表現する
（例：「ゆっくりと食べる」よりも「食べ物をゆっくりと味わって楽しむ」）
- 目標は、一度に「2つ」までにとどめる
（例：目標が習慣化するまでは数を増やさない）

出所：『世界のトップエリートが絶対に妥協しない小さな習慣』（キャロライン・L・アーノルド）

検証

「目標を達成する」手法を試してみた

さて、ここまで「目標を達成する」ための様々な手法＝目標達成手法を見てきました。次はいよいよこれらの検証に入っていきたいと思います。

検証ポイントに関しては、「現実性」の面として**「①その手法を現実的に、使いこなすことができるか？」**という点、「有効性」の面として**「②その手法を使って、目標を達成することができるか？」**という点を見ていくことにしました。

またすでに見ていただいたように、目標に関しては、「長期的な目標」「短期的な目標」という2種類に分けることができます。さらに目標達成手法は、**5項目の「目標達成のゴールデンルール」に集約する**ことができました。そのため検証に当たっては、この5項目のゴールデンルールに関して、この2種類の目標別に検証していくことにしました。

以下では、僕自身の目標を例にとって、どのような目標設定を行ない、実際にその目標を達成できたのかを述べていきたいと思います。

「目標達成手法」の集約：「目標達成のゴールデンルール」

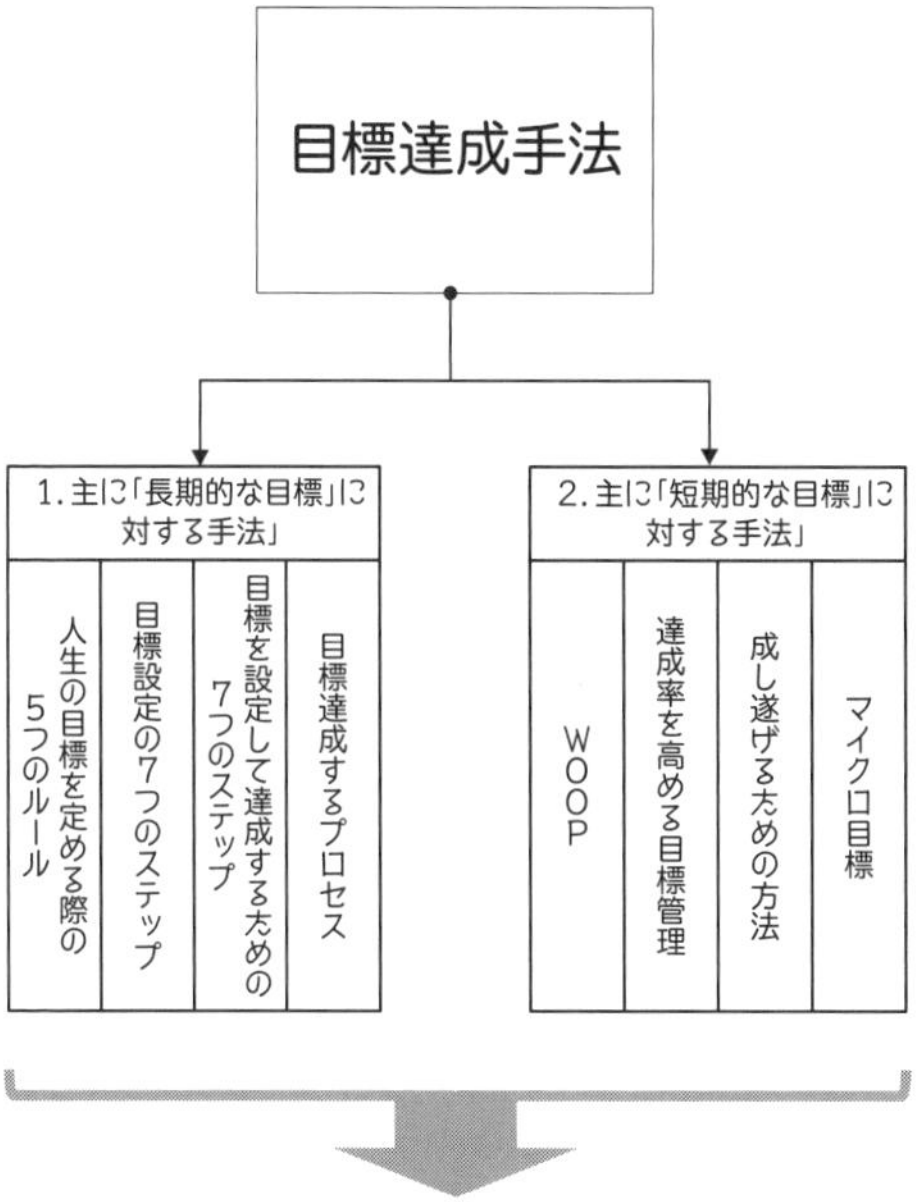

■「目標達成のゴールデンルール」

①心から達成したい目標を立て、達成のメリットを認識する

②達成期限つきの、具体的な目標を立てる

③目標達成を阻む障害を確認し、乗り超える戦略を立てる

④段階的で、達成可能な目標に落とし込む

⑤行動するきっかけを決めて実行し、達成状況を管理する

※前章までと同じく、僕がこれらの目標達成手法を初めて試したのは数年前で、まだ一般企業に勤めるごく普通のサラリーマンだったので、現在の僕の状況とはかなり異なるという点だけ、ご留意いただければと思います。

1 「長期的な目標」に対しての検証

前章で見ていただいた通り、僕自身が長年抱いていた目標の一つは、**「成功哲学分野の作家になること」**でした。けれども具体的にどうしたらなれるのかがわからず、ずっと途方に暮れていたのです。

そこである時ふと思いついて、この目標に関して、「目標達成のゴールデンルール」を試してみることにしました。

①心から達成したい目標を立て、達成のメリットを認識する

「成功哲学分野の作家になること」というこの目標に関しては、前章で見ていただいたように精緻な自己分析を踏まえて設定した目標であり、「心から達成したい目標」であるこ

とに相違ありません。

そこで、達成した時のメリットをあらためて考えてみました。作家になって自分の著書を発表できることの一番のメリットは、ある程度広範囲の人が読んでくれて、僕の考えを知ってくれることでしょう。それはつまり、僕が目標とする「成功するためのコツ＝理想の人生を送る方法」を多くの人に伝えることができるということです。

そこで僕は達成した時のメリットとして、ノートに**「僕が伝えたいことを多くの人に伝えられること」**と書いてみました。

②達成期限つきの、具体的な目標を立てる

次に、「成功哲学分野の作家になること」というこの抽象的な目標を、達成期限つきの具体的な目標に直してみることにしました。

僕は少し考えて、以下のような文章をノートに書いてみました。

「3年以内に、成功するコツをまとめた本を大手出版社から発売すること」。

③目標達成を阻む障害を確認し、乗り超える戦略を立てる

次に、「出版社から成功するコツをまとめた本を発売する」ことへの障害になっている

ものを検討してみることにしました。

出版社から本を出すには、企画書を出してそれを社内で通してもらう必要があります。そして、自分だったら企画書のどこを見るだろうかと思うと、着目ポイントは大きく分けて、**「企画内容の面白さ」**と**「著者の実績」**の2点ではないかと考えました。

このうち、「企画内容」はまだこれから詰めるとしても、「著者の実績」の方で僕は相当なハンディキャップを背負っています。なぜなら、成功するためのコツを本で語るのであれば、著者本人がある程度の成功を収めていないと説得力がゼロに近いからです。つまりこの時点で、僕はすでに資格から外れているのです。

もし成功者でもない人間が成功を語るのであれば、「自分は成功者ではないけれど、成功に関する知識だけは日本で一番詳しい」というくらいじゃないと話にもならない、これは厳しいな……と、そこまで考えた時にふと僕は、いやむしろそこに勝機を見出せるのではないか、という考えがよぎりました。

つまり、僕の本業で培った調査・分析スキルを活かして、**様々な文献を読んで「成功するコツ」を調査、分析してみるのはどうか**、と思いついたのです。それなら「僕自身の意見」ではなく「客観的なデータ」として語ることができるので、それなりに説得力が出ることになるでしょう。

また、これ自体がそのまま企画内容になりえるので、**その調査結果を企画書に落とし込めばいい**と考えました。

というわけで、当面とるべき基本戦略としてノートに、**「様々な文献をあたって成功するコツを調査する」「調査結果を企画書にまとめる」**と記載しました。

④段階的で、達成可能な目標に落とし込む

次に、「様々な文献をあたって成功するコツを調査する」「調査結果を企画書にまとめる」という戦略を、もう少し段階的で、達成可能な目標に落とし込むことにしました。

まず「様々な文献をあたって成功するコツを調査する」に関しては、調査対象となる書籍を決める必要があります。たまたま、T・バトラー＝ボードンという自己啓発研究家が著した『世界の自己啓発50の名著』（ディスカヴァー・トゥエンティワン）というシリーズ本を見つけたので、その中で紹介されている**著名な自己啓発書を読み漁り、「成功するコツ」を抽出してファイルに書き留める**という目標を立てました。

次に「調査結果を企画書にまとめる」に関しては、当然ながらまずは出版企画書を書かなくてはなりません。けれども、そうした企画書を書いたことのない僕は、社内で通るような魅力的な企画書を作れる自信がありませんでした。そこで思いついたのは、企画書を

作ったら**周りの友人に見せて、意見をもらう**ということでした。そうやって企画書の精度を上げ、これなら送れるという自信ができたら出版社に送ってみようと考えたのです。

僕はノートに当面の目標として、**「『世界の自己啓発50の名著』シリーズで紹介されている書籍を読んで成功するコツをファイルにまとめる」「出版企画書を書いて友だち10人に見てもらう」**と書き留めました。

⑤行動するきっかけを決めて実行し、達成状況を管理する

最後に、「『世界の自己啓発50の名著』シリーズで紹介されている書籍を読んでノートにまとめる」「企画書を書いて友だち10人に見てもらう」ことに関して、具体的な行動と、そのきっかけを決めることにしました。

『世界の自己啓発50の名著』シリーズで紹介されている本を読んでいくことに関しては、もともと図書館が好きだった僕は、図書館を利用することを思いつきました。具体的には、当該シリーズの引用書を毎週5冊、予約して読んでいくことにしたのです。

僕が通っていたのは豊島区の図書館ですが、探している本が区内の図書館になければ他区の図書館から取り寄せてもらうことができるというシステムがあります。これで当該シリーズで紹介されている本のうち、国内で出版されている本は一通り読むことができまし

た（ただし、邦訳されていない本や、日本語のタイトルが変わっている本も多くあり、図書館の係員の方にはかなり苦労をかけました）。

こうして2年くらいかけて**調査対象としていた書籍をすべて読み終える**と、ファイルに書き留めていた「成功するためのコツ」をパターン分けし、それぞれのパターン別にその数をカウントしていきました。

すると、最も多く書かれていた「成功するためのコツ」は**「成功をイメージする・言葉に出す」**（本書でいうと第3章の内容になります）ということで、次に多かったのが**「楽観的になる・ポジティブになる」**（本書の内容では第6章に該当します）ということであることがわかりました。

この発見が自分ではとても面白かったので、この概要を**企画書にまとめて、友人たちに見せてみました**。友人たちは、ちょっと内容がマニアックすぎるけど面白いのではないかと言ってくれたため、だんだんと自信がついてきました。

そして書店に行き、自己啓発書を出している出版社をメモし、家に帰って各社の連絡先を調べ、片っ端から企画書を送ってみることにしました。

すると、2社目に送った会社の編集者の方から、面白そうだから会ってみたいという返信があり、お会いしたその場で、ぜひ出版しましょうという言葉をいただきました。それは**「成功哲学分野の作家になる」という目標がかなった瞬間でした**（そしてその企画は、その年の冬に、『「人生成功」の統計学』というタイトルで、ぱる出版様より発売になりました）。

こうして、「成功哲学分野の作家になる」という目標に関しては、**「目標達成のゴールデンルール」を使って達成する**ことができたのです。

2 「短期的な目標」に対しての検証

次に、もう少し短期的な目標でも検証を行なうことにしました。

僕は学生時代までは体重が52kgと痩せている方だったのですが、年齢とともに徐々に体重が増えていき、30代になると57kgまで太ってしまいました。それでも、身長が173cmなので適正体重よりは全然低いのですが、昔に比べるとぽちゃっとした感が否めず、もう少し痩せなければとずっと思っていました。

そこで、この「痩せる」という目標に対して、「目標達成のゴールデンルール」を試してみることにしたのです。

①心から達成したい目標を立て、達成のメリットを認識する

「痩せたい」という思いはずっと抱いていたことなので、心から達成したい目標と判断してよいでしょう。

そこで、達成した時のメリットをあらためて考えてみました。痩せた時の直接的なメリットは、見た目が引き締まることです。ただそれに加えて、何も節制せずに飲み食いしていると、自分を甘やかしているという引け目から自己評価が低くなることを感じていた僕は、節制することで自己肯定感を高める効果も期待できるのではないかと思いました。

そこで僕はノートに、**「見た目が引き締まること」「自己肯定感が高まること」**と書いてみました。

②達成期限つきの、具体的な目標を立てる

次に、「痩せる」という目標を、達成期限つきの具体的な目標に直してみることにしました。

僕は少し考えて、以下のような文章をノートに書いてみました。

「3ヵ月以内に体重を52kgまで落とすこと」。

③目標達成を阻む障害を確認し、乗り超える戦略を立てる

次に、現状の57kgから「52kgまで落とす」ことに対する障害になっているものを検討してみることにしました。

57kgと52kgとの間にある直接的な障害はもちろん、5kgの体重であり、筋肉があまりない僕にとってそれはほぼ体脂肪と考えてよいでしょう。そして、体重を減らすには、消費カロリーが摂取カロリーを上回るしか方法はありません。

そこでまずは、自分の消費カロリーを調べることにしました。各種のダイエット関連サイトで計算してみると、僕の場合だいたい1日の消費カロリーが1800kcalであることがわかりました（サイトによって2000kcal～1600kcalまで計算結果のバラつきがあったため、平均をとって1800kcalと見なすことにしました）。

次に、ふだん自分が食べている食事のメニューをもとに摂取カロリーを計算してみると、だいたい1600kcalくらいになることがわかりました。

つまり、これだけなら消費カロリーが摂取カロリーを上回っているため、黙っていても痩せていくはずなのですが、この他に僕は毎日晩酌をするため、それらを加えると1800kcal以上になってしまうことがわかりました。

このため、戦略としては「運動をして消費カロリーを増やす」か、「食事かお酒を減ら

して摂取カロリーを減らす」か、という2つの選択肢が考えられたのですが、運動は嫌いだし、空腹を我慢するのも嫌だし、そもそも毎日アルコールを摂取していること自体があまり健康によくないし、ということで**「酒を減らす」**ことを基本戦略として、ノートに記載しました。

④段階的で、達成可能な目標に落とし込む

次に、「酒を減らす」という戦略を、もう少し段階的で、達成可能な目標に落とし込むことにしました。

そもそも、簡単に「酒を減らす」と言っても、晩酌が日常化している人間にとってはいきなり酒をやめるのは至難の業です。以前も、せめて週に1日くらい休肝日を作ろうとして頑張った時期があるのですが、2週間で挫折したという経験があります。どうしても、夕食の時にビールを飲まないと、一日が終わる気がしないのです。

それならば、**同じビールでもカロリーが少ない銘柄に変えるのはどうか**、ということを思いつきました。

というのも、昔は濃い味が好きで、銘柄で言うと「クラシックラガー」などが好きだったのが、いつしか「スーパードライ」を飲むようになり、最近は第三種ビールの「麦とホ

ップ」になり……と、歳とともに味覚が変化して、だんだん薄い味の方が好きになってきたのです。一般的に健康志向を謳った、低カロリーや低糖質のビールは味が薄すぎて、昔だったら死んでも飲む気にはならなかったのですが、この歳になって味覚が変化した今なら、低カロリービールの味でも満足できるような気がしました。

調べてみると、当時、第三種ビールで一番カロリーが低いのは「キリン 濃い味」という銘柄でした。ふだん飲んでいる「麦とホップ」は350㎖で154㎉なのに対して、「キリン 濃い味」は67㎉と、これだけでカロリーは半分以下に抑えられることになります。

早速1本買って飲んでみると、少し物足りなさはあるものの、飲み続けていけそうな気がしました。そこでその日から、**「晩酌の際は『キリン 濃い味』を飲む」**ということにしたのです。

⑤行動するきっかけを決めて実行し、達成状況を管理する

こうして夕食の際の飲料を「キリン 濃い味」に変えて、しばらく様子を見てみました。はじめは飲み慣れていた「麦とホップ」の味が恋しくなりましたが、慣れてくると特に気にならず、しかも飲む量は変えなくてよかったため、**無理なく続けることができました。**

そして毎日、体重を計測していくと、最初の1週間ですでに1kg落ちていることがわかりました。

そうやって少し成果が出てくると面白くなってきて、さらにカロリーを落としたくなり、今度は**第三種ビールからノンアルコールビールに変えてみることにしました。**いろいろな銘柄を飲み比べてみた結果、「サントリー　オールフリー」がカロリーが0kcalで、しかも味も悪くなかったため、これを飲んでいくことにしてみました。

これもはじめはアルコール成分がほしくなって、「キリン 濃い味」と混ぜて飲んだりしていたのですが、慣れてくるとノンアルコールビールでも全然満足できるようになってきました。そうなってくると、ますます体重の減りは早くなりました。

こうして3ヵ月後には、**目標体重である52kgまで落とすことができました。**今は少しリバウンドしてしまいましたが、だいたい54kg前後をキープすることができています。これはおそらく晩酌のアルコールをやめたことが大きいのではないかと思います。

このように、「痩せる」という目標に関しても、**「目標達成のゴールデンルール」を使って達成する**ことができたのです。

検証結果の総括

ここまで見ていただいた通り、「長期的な目標」「短期的な目標」いずれに関しても、「目標達成のゴールデンルール」通りに実行すると目標を達成することができることがわかりました。

ただし、自分で試してみた所感として、**この2種類の目標で、キーになる「ゴールデンルール」の中身が若干異なる**ことがわかっています。この点を補足しましょう。

まず「成功哲学分野の作家になる」という目標に関しては、企画書を通すに当たっての「企画内容の面白さ」と「著者の実績」という2つの障害を乗り越える方法を考えた結果、「様々な文献をあたって成功するコツを調査する」という創造的なアイデアを思いつくことができたことが直接的な結果につながったのではないかと思います。つまり、**「長期的な目標」に関しては、「③目標達成を阻む障害を確認し、乗り超える戦略を立てる」という項目が最も重要である**と考えられます。

この理由としては、「長期的な目標」に関しては、達成までに至るまでの様々なルートがあるため、その最も効率的なルートを探すには、達成を阻む障害の分析とそれを乗り越

4 検証

「目標達成のゴールデンルール」の検証結果

		現実性 現実的に使いこなせられるか？	有効性 目標を達成させられるか？	備考
1. 長期的な目標に対して	①心から達成したい目標を立て、達成のメリットを認識する	○	○	現実性、有効性とも問題なし。ただし、この中でも「③目標達成を阻む障害を確認し、乗り超える戦略を立てる」が最も重要であると考えられる
	②達成期限つきの、具体的な目標を立てる	○	○	
	③目標達成を阻む障害を確認し、乗り超える戦略を立てる	○	◎	
	④段階的で、達成可能な目標に落とし込む	○	○	
	⑤行動するきっかけを決めて実行し、達成状況を管理する	○	○	
2. 短期的な目標に対して	①心から達成したい目標を立て、達成のメリットを認識する	○	○	現実性、有効性とも問題なし。ただし、この中でも「④段階的で、達成可能な目標に落とし込む」が最も重要であると考えられる
	②達成期限つきの、具体的な目標を立てる	○	○	
	③目標達成を阻む障害を確認し、乗り超える戦略を立てる	○	○	
	④段階的で、達成可能な目標に落とし込む	○	◎	
	⑤行動するきっかけを決めて実行し、達成状況を管理する	○	○	

えるための戦略策定の重要度が自然と高まるからでしょう。

これに対して「痩せる」という目標に関しては、摂取カロリーを抑えるために「酒を減らす」という戦略を実行する段階で、いきなり「禁酒する」とか「飲用量を減らす」といったハードルの高い目標を立てたとしたら途中で挫折していたはずで、「ビールを低カロリーの銘柄に変える」という難易度の低い目標を立てられたことが、直接的な結果につながったと考えられます。そうして考えると、「短期的な目標」に関しては**「④段階的で、達成可能な目標に落とし込む」という項目が最も重要である**と思われます。

この理由は、「短期的な目標」に関しては、目標達成に至るまでのルートはある程度明示的になっているケースが多く、むしろ、「やることはわかっているけど続かない」という点がボトルネックになりやすいため、できる限り敷居の低い目標に落とし込んで、まずは「続けていく」ことが重要になるからでしょう。

このように、「目標達成のゴールデンルール」は文字通り、どのような目標にも有効であるものの、「長期的な目標」と「短期的な目標」で、力点を置くポイントが異なる点は留意が必要かもしれません。

結論

「目標を達成する」にはどうすればいいのか？

さて、ここまで「目標を達成する」ための手法と、その検証結果を見ていただきました。簡単におさらいしたいと思います。

まず、「目標」は、「長期的な目標」と「短期的な目標」という2種類に分けられることがわかりました。

そしてそのどちらに対しても、目標を達成するためには、

①心から達成したい目標を立て、達成のメリットを認識する
②達成期限つきの、具体的な目標を立てる
③目標達成を阻む障害を確認し、乗り超える戦略を立てる

④段階的で、達成可能な目標に落とし込む
⑤行動するきっかけを決めて実行し、達成状況を管理する

という「目標達成のゴールデンルール」の通りに実行していくとよいことがわかりました。

さらにこの中でも、「長期的な目標」に関しては**「③目標達成を阻む障害を確認し、乗り越える戦略を立てる」**という項目、「短期的な目標」に関しては**「④段階的で、達成可能な目標に落とし込む」**という項目が最も重要であることもわかりました。

本章の冒頭で述べたように、これまで僕は「目標達成」というものに対して、自分の意志力や根性が試されるようなプレッシャーと苦手意識を感じていました。

が、見ていただいたように、目標達成のカギになるのはむしろ「どこまで有効な戦略を立てるか」とか「どこまで無理のない目標を立てるか」という点にあり、この意味で、意志力や根性といったものとむしろ真逆の考え方であると言ってよいでしょう。そのことに気づいてから、僕は「目標達成」に苦手意識がなくなりました。

さらに言えば、これは前章で述べた「願望実現の統合モデル」とセットで実行するとなお効果的です。「目標達成のゴールデンルール」が「行動」面に対するメソッドだとすると、「願望実現の統合モデル」は「意識」面に効くメソッドなので、セットで行なうことで物心両面に働きかけることができるからです。

ただし、どんなに綿密な目標を設定し、達成するための戦略を練ったところで、それを行動に移さなければまったく意味はありません。目標を達成するのは誰でもない自分であり、それを現実にするのは自らの行動だけです。その点は忘れないようにしましょう。

第4章のまとめ

1 **かなえたい目標を具体的な言葉で表そう。**

——目標を達成する期限を定めよう。

2 **目標達成を妨げているものを考えてみよう。**

——その障害を乗り超える戦略を考えてみよう。

3 **簡単に達成できる、やさしい目標を立てよう。**

——段階的な目標に落とし込み、一段一段達成していこう。

第5章

「悩みを解決する」にはどうすればいいのか?

NAYAMI WO KAIKETSU SURU NIHA DOU SUREBA IINOKA?

序論

「悩みを解決する」とは？

本章では、成功を得るための4つ目の戦略、**「悩みの内容を明確にし、問題解決を図る」**ための方法論について見ていきます。

自己啓発書の中では、「悩みを解決する」というテーマで書かれた書籍は、意外と多くはありません。その中でも最も著名なものは、デール・カーネギーの『道は開ける』(創元社)でしょう。本書の中には、誰もが様々な場面で直面する「悩み」を客観的に分析し、解決するための具体的かつ実践的な方法が載っています。またそれ以外の書籍でも、サブテーマ的にこの「悩みを解決する」方法などが載っているものもあります。

ではそもそも、悩みとは何でしょうか？　僕は、「悩み」の内容によって大きく2つに類別できるのではないかと思います。

1つ目は、**「どうしたらいいか」という悩み**。たとえば、「成績が伸びない」「仕事がうまくいかない」「パワハラを受けている」「病気が進行している」などの悩みがこれに該当

「悩み」の類別

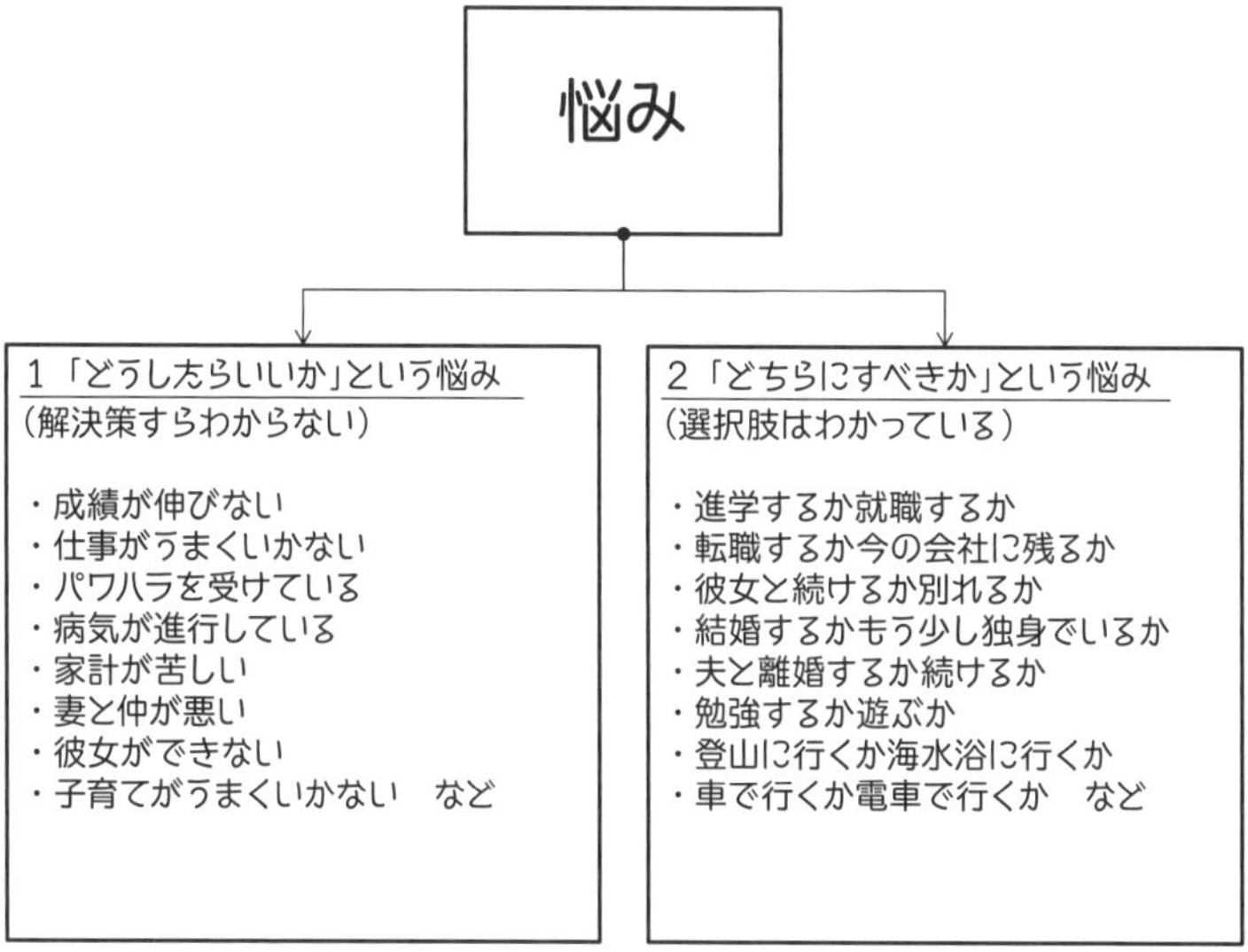
悩み
1「どうしたらいいか」という悩み
（解決策すらわからない）
・成績が伸びない
・仕事がうまくいかない
・パワハラを受けている
・病気が進行している
・家計が苦しい
・妻と仲が悪い
・彼女ができない
・子育てがうまくいかない　など
2「どちらにすべきか」という悩み
（選択肢はわかっている）
・進学するか就職するか
・転職するか今の会社に残るか
・彼女と続けるか別れるか
・結婚するかもう少し独身でいるか
・夫と離婚するか続けるか
・勉強するか遊ぶか
・登山に行くか海水浴に行くか
・車で行くか電車で行くか　など

します。これらは、選択肢どころか、解決策すらわからない、という状態の悩みになります。

2つ目は、**「どちらにすべきか」という悩み**。たとえば、「進学するか就職するか」「転職するか今の会社に残るか」「彼女と続けるか別れるか」「結婚するかもう少し独身でいるか」などの悩みがこれに該当します。これらは、選択肢はわかっており、どちらの選択肢を選ぶ方が妥当なのか、という点が悩みどころになります。

同じ「悩み」という言葉で括られてはいますが、その悩みどころが若干異なることから、この2種類の「悩み」は分けて考えた方がいいでしょう。

ただいずれにしても、何かに悩んでいる状態の時は誰でも気分が重くなりますし、気が滅入ってくるものです。

僕自身、たとえば「クライアントの課題をどのように解決すべきか」という仕事上の悩みから、「白のTシャツを買うか、黒のYシャツにするか」という些細な悩みまで、常にあれこれと悩みを抱え込んでしまうタイプで、どんな悩みも解決できるような方法があればぜひ知りたいと思い、様々な文献を調べました。

まずはそれらの文献を引用しながら、これまでに提唱されている「悩みを解決する」ための手法（ここでは**「問題解決手法」**と呼称します）を見ていきたいと思います。

※理屈はいいからとにかく結論だけ知りたい、という人は、252ページの「**【結論】「悩みを解決する」にはどうすればいいのか？**」まで飛んでいただいても構いません

調査

「悩みを解決する」ための手法を調査する

ではここからは、具体的な手法について見ていきたいと思います。

過去の様々な文献を紐解いてみると、「悩みを解決する」ための手法＝「問題解決手法」は、先ほど類別した2種類の悩みに対応して、大きく2つのグループに分けることができます。

1つ目のグループは、**「どうしたらいいか」という悩みを解決する手法**です。具体的には、これからご紹介する手法の中の「悩みの9割を追い払う方法」「仕事の悩みを半減させる方法」「解決策を考え出す4つの思考ステップ」「見えない解決策を見つけるプロセス」などが該当します。

これらの手法は、おおむね、

① 何に悩んでいるのかを明確化する
② その悩みに対する明らかな解決策があれば実行する（なければ③へ）
③ その悩みが起きた要因を分析する
④ その要因に対する解決策を検討する
⑤ 効果的と思われる解決策から実行する

というステップで、論理的に解決することを推奨していることで共通しています。そこでこれらの手法を総称して、**「論理的判断モデル」**と呼称したいと思います。

2つ目のグループは、**「どちらにすべきか」という悩みを解決する手法**です。具体的には、これからご紹介する手法の中の「身体の声を聞く」「ワイズセルフに尋ねる」「心の中の老人を訪ねる」「内なるガイドに訊く」などが該当します。

これらの手法は細かい違いはあれ、**「どちらを選んだ方がよいかを自分の直感に問いかける」**ことで、自分が選ぶべき選択肢を選ぶという点で共通しています。そこでこれらの手法を総称して、**「直感的判断モデル」**と呼称したいと思います。

それでは214ページから、個別の手法の内容を一つひとつ簡単にレビューしていきたいと思います。

「問題解決手法」の類別

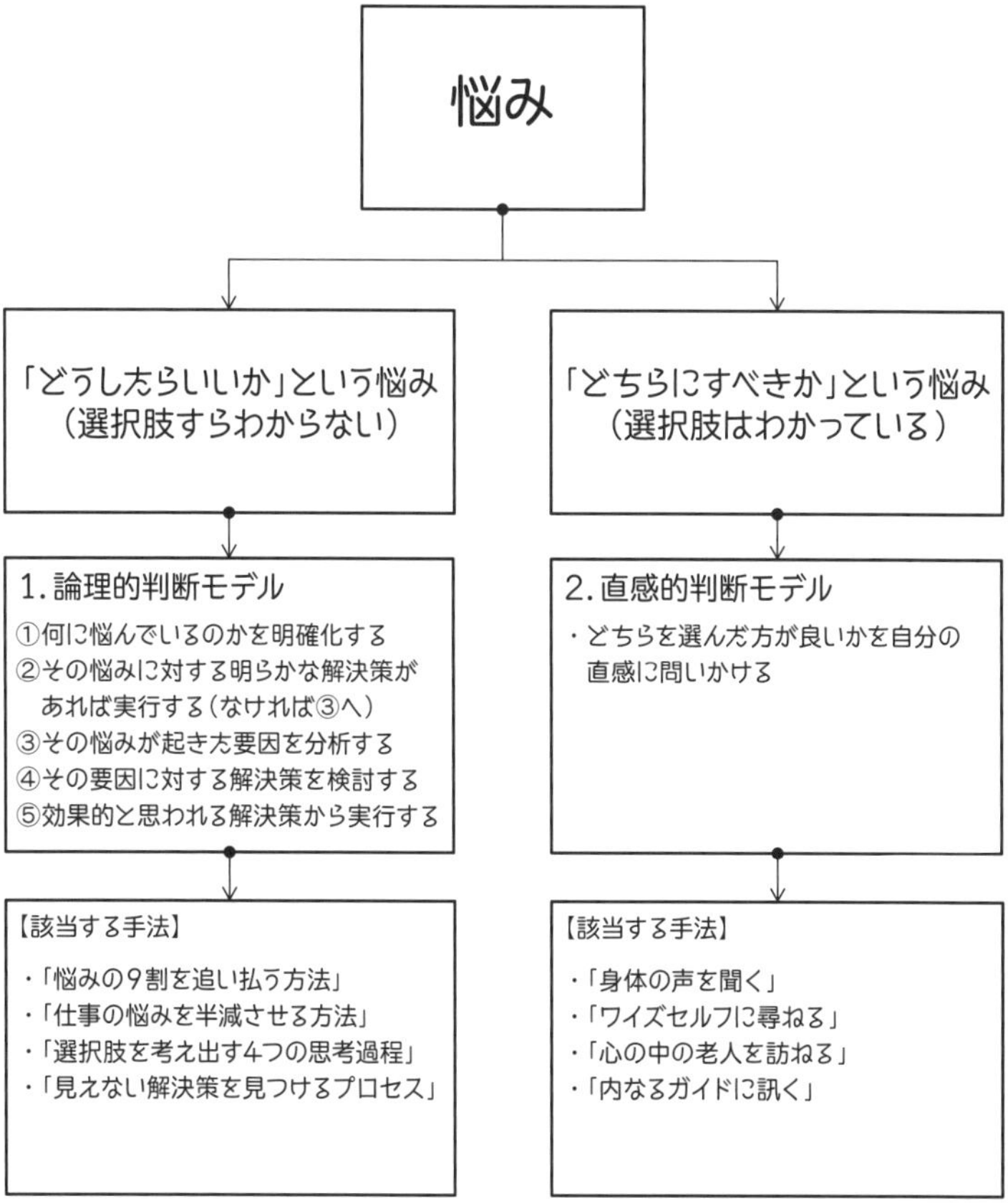
悩み
「どうしたらいいか」という悩み
（選択肢すらわからない）
「どちらにすべきか」という悩み
（選択肢はわかっている）
1. 論理的判断モデル
①何に悩んでいるのかを明確化する
②その悩みに対する明らかな解決策があれば実行する（なければ③へ）
③その悩みが起きた要因を分析する
④その要因に対する解決策を検討する
⑤効果的と思われる解決策から実行する
2. 直感的判断モデル
・どちらを選んだ方が良いかを自分の直感に問いかける
【該当する手法】
・「悩みの9割を追い払う方法」
・「仕事の悩みを半減させる方法」
・「選択肢を考え出す4つの思考過程」
・「見えない解決策を見つけるプロセス」
【該当する手法】
・「身体の声を聞く」
・「ワイズセルフに尋ねる」
・「心の中の老人を訪ねる」
・「内なるガイドに訊く」

1　論理的判断モデル

調査①　悩みの9割を追い払う方法

はじめに、『道は開ける』（デール・カーネギー／創元社）に出てくる「悩みの9割を追い払う方法」を見ていきましょう。

『道は開ける』は、『人を動かす』と並ぶ、デール・カーネギーの代表作であり、悩みの正体を明らかにし、悩みを解決する具体的な方法を教えてくれる1冊です。著者のデール・カーネギーは雑誌記者、俳優、セールスパーソンなどを経て、YMCA弁論術担当となり、やがてD・カーネギー研究所を設立、人間関係の先覚者として名声を博しました。

この中で紹介されている「悩みの9割を追い払う方法」とは、**「①悩んでいる事柄を詳しく書き出す」「②それについて自分にできることを書き記す」「③どうするかを決断する（決断したら覚悟を決めて考え直さない）」「④その決断をただちに実行する」**という4つのステップでできています。

カーネギーの友人であるアメリカ人実業家のガレン・リッチフィールドは第二次世界大戦中にこの方法でピンチを切り抜け、命拾いをしたということです。

「悩みの９割を追い払う方法」

①悩んでいる事柄を詳しく書き出す

②それについて自分にできることを書き記す

③どうするかを決断する（決断したら覚悟を決めて考え直さない）

④その決断をただちに実行する

※出所：『道は開ける』（デール・カーネギー）

調査②　仕事の悩みを半減させる方法

次に、同じく『道は開ける』（デール・カーネギー／創元社）に出てくる「仕事の悩みを半減させる方法」を見ていきましょう。

この方法は、ニューヨークのロックフェラー・センターにあるサイモン＆シュスターという一流出版社の総支配人であるレオン・シムキンという人物が、勤務時間の約半分が会議や打ち合わせによってつぶれてしまうことに悩み、これを圧縮させるために社内で作ったルールがもとになっているとされています。

その社内ルールとは、シムキンに相談がある社員はすべて、**「①問題点は何か？」「②問題の原因は何か？」「③何通りの解決策があってそれらはどんなものか？」「④望ましい解決策はどれか？」**という4つの質問に対する答えを用意して、あらかじめ提出しておかなくてはならない、というもので、このルールを導入してから、会議に費やす時間の3／4と、精神的な緊張の3／4をなくすことができたそうです。

先の「悩みの9割を追い払う方法」と比較すると、問題点や解決策を明確化するのは共通していますが、「仕事の悩みを半減させる方法」の方には「原因は何か？」というステップがあることが特徴として挙げられます。

5
調査

「仕事の悩みを半減させる方法」

①「問題点は何か？」を明確化する。

②「問題の原因は何か？」を明確化する（そのために必要な情報を集める）。

③「何通りの解決策があってそれらはどんなものか？」を明確化する。

④「望ましい解決策はどれか？」を明確化する。

※出所：『道は開ける』（デール・カーネギー）

調査③　選択肢を考え出す4つの思考過程

次に、『ハーバード流交渉術』（ロジャー・フィッシャー、ウィリアム・ユーリーほか／三笠書房）に出てくる「選択肢を考え出す4つの思考過程」を見ていきましょう。

本書は、タイトルの通り、ハーバード大学交渉学研究所のメイン・スタッフが開発・構築した交渉術のすべてを明かした1冊であり、本書の著者の1人、ロジャー・フィッシャーはハーバード大学名誉教授であり、交渉学プログラム研究所所長で、「交渉学の世界的権威」と呼ばれています。また共著者のウィリアム・ユーリーもまたハーバード大学交渉学プログラムの共同設立者であり、交渉テクニックの指導などを行なっています。

この「選択肢を考え出す4つの思考過程」は、交渉力の高まる戦略の一つである「複数の選択肢を用意する」ための思考ステップをまとめたものです。具体的には、**「①問題点を確認する」「②その原因を分析する」「③その解決方法を探す」「④実行可能な方策を考える」**という順番で思考を進めていきます。

先に見ていただいた「仕事の悩みを半減させる方法」と、ほぼ類似していますが、最後のステップだけ、「仕事の悩みを半減させる方法」では「望ましい解決策」という観点で検討するのに対して、こちらでは「実行可能な方策」という観点で検討するとしています。

「選択肢を考え出す４つの思考過程」

①問題点を確認する
- 何が問題か？
- 現在の兆候は何か？
- 好ましい状況と比べ、何が不都合か？

②その原因を分析する
- 問題の診断
- 兆候を分類する
- 原因を推測する
- 何が欠けているのか？
- 問題解決の障害は何か？

③その解決方法を探す
- 可能な戦略・対策は何か？
- 理論的解決策は何か？
- 一般的な処置は何か？

④実行可能な方策を考える
- 何をなしうるか？
- 問題を処理する具体的方策は何か？

※出所：『ハーバード流交渉術』（ロジャー・フィッシャー）

調査④　見えない解決策を見つけるプロセス

次に、『100%人生が変わる1%のひらめき』（マイケル・ニール／主婦と生活社）に出てくる「明らかには見えない解決策を見つけるプロセス」を見ていきましょう。

本書は、NLP（神経言語プログラミング）を実践して成功するための方法が書かれた1冊です。本書の著者、マイケル・ニールは世界的に有名なサクセスコーチで、NLPマスタートレーナーの資格を持ち、NLP共同創始者のリチャード・バンドラー博士とともにイギリスで大人気の自己開発セミナーを定期的に行なっています。

本書に載っている「見えない解決策を見つけるプロセス」は、**「①私が解決したい問題は何かを書き出す」「②なぜ私はこの問題を抱えていると思っているのかを書き出す」「③この問題に対する『明らかな』解決策を書き出す」「④この問題について考えられる3通りの原因とそれらに対する『明らかな』解決策を書き出す」「⑤思いついた解決策のうち、少なくとも1つを実行する」**という、5つのステップから成り立ちます。

他の手法と比較すると、解決策を検討してから、さらに原因分析をしてまた解決策を検討するという意味で、「悩みの9割を追い払う方法」と、「仕事の悩みを半減させる方法」や「選択肢を考え出す4つの思考過程」を足し合わせたような手法になっています。

「見えない解決策を見つけるプロセス」

①私が解決したい問題は何かを書き出す。

②なぜ私はこの問題を抱えていると思っているのかを書き出す。

③この問題に対する「明らかな」解決策を書き出す。

④この問題について考えられる少なくとも3通りの原因とそれらに対する「明らかな」解決策を書き出す。

⑤思いついた解決策のうち、少なくとも1つを実行する。うまくいけば解決するし、そうでなければ他の解決策を試す。

※出所：『100%人生が変わる1%のひらめき』（マイケル・ニール）

2　直感的判断モデル

調査⑤　身体の声を聞く

次に、『人生に奇跡をもたらす7つの法則』（ディーパック・チョプラ／PHP研究所）に出てくる「身体の声を聞く」という方法を見ていきましょう。

本書は、願望を実現する力を持ち、愛と喜びに満ちた生活を送るための7つの法則について述べた1冊です。著者のディーパック・チョプラは、インドとアメリカで医学を学んだ、内分泌学を専門とする医学博士であり、ケロッグ経営大学院の非常勤講師です。タイム誌による「20世紀の英雄と象徴100人」にも選出されています。

本書の中でチョプラは、何かに悩んだ時や迷った時、どちらに進むべきかの判断を「自分の身体に問いかける」ことを推奨しています。そして、**もし身体が「安らぎ」のメッセージを送ってきたら、それは正しい選択と考えられ、「不安」のメッセージを送ってきたら、それは正しくない選択として考えられる**ということです。

これは、「直感的判断モデル」としては基本的な方法であり、『影響力の武器』（誠信書房）の中でロバート・B・チャルディーニ教授も似たような方法を推奨しています。

「身体の声を聞く」

- 自分の身体に注意をし、自分に問いかけてみる。「もしこの選択をしたら、何が起こるだろう？」
- もし身体が安らぎのメッセージを送ってきたら、それは正しい選択。不安のメッセージを送ってきたら、それは正しくない選択（大抵は心臓あたりの位置で反応がある）。

※出所：『人生に奇跡をもたらす７つの法則』（ディーパック・チョプラ）

調査⑥　ワイズセルフに尋ねる

次に、『最強のセルフプロデュース術』（シェリル・リチャードソン／きこ書房）に出てくる「ワイズセルフに尋ねる」という方法を見ていきましょう。

本書は、生活の質（クオリティ・オブ・ライフ）を高めるための様々なアイデアを紹介している1冊です。本書の著者、シェリル・リチャードソンは個人指導のコーチで、国際コーチ連盟の初代会長であり、生活の質を落とすことなく仕事での成功を勝ち取ろうとする国際的企業や個人を支援している人物です。

本書の中で、生活の質を高める方法としてリチャードソンが提案しているアイデアの1つは、何かに迷うことがあったら、**心の中で「ワイズセルフ」に指導を求め、脈絡もなく心の中に浮かんだ答えに注意してみる**、という方法です。

この「ワイズセルフ」とは「賢明なる自己」と翻訳され、リチャードソンの説明によれば、あなたの一部であり、あなたが意識するよりも多くの分別を持っていて、一番ためになる決定を下すよう導いてくれるそうです。

これも「ワイズセルフ」という名の直感に問いかける方法であり、先ほどの「身体の声を聞く」方法と同様、「直感的判断モデル」の一つとして捉えてよいでしょう。

5 調査

「ワイズセルフに尋ねる」

- 何かを選ぶ時（たとえばどの本を買うか、どの映画を観たらいいか）、心の中で「ワイズセルフ」に指導を求める。
- そして、脈絡もなく心の中に浮かんだ答えに注意してみる。何かイメージが見えるかもしれないし、声が聞こえるかもしれない。

※出所：「最強のセルフプロデュース術」（シェリル・リチャードソン）

調査⑦　心の中の老人を訪ねる

次に、『運のいい人の法則』（リチャード・ワイズマン／角川書店）に出てくる、「心の中の老人を訪ねる」という方法を見ていきましょう。

本書は、著者であるリチャード・ワイズマンが10年の歳月と数百人に対する調査をもとに導き出した、「運のいい人」に共通する4つの特徴について述べられた1冊です。『その科学が成功を決める』の著者でもあるリチャード・ワイズマンは、マジシャンから転向して、ハートフォードシャー大学の教授となった異色の人物です。

本書の中でワイズマンは、運のいい人に共通する特徴の一つとして「直感と本能を信じて耳を傾けている」傾向があることを明らかにしており、直感や本能の「声」を聞くためのエクササイズとして紹介されているのがこの「洞穴の老人を訪ねる」という方法です。

これは簡単に言えば、判断に迷った時、**心の中で洞穴に住む老人を思い描き、その老人に向かってどちらが正しくてどちらが間違えていると思うかを述べる**、というものです。

これも、洞穴に住む老人という具体的な相手を想定し、彼に話しかけるというシチュエーションを設定することで、自分の意識下にある気持ちを表出させるものであり、「直感的判断モデル」の一つと考えることができます。

「心の中の老人を訪ねる」

- あなたは今、山奥の洞穴の入口にいる。外界とは切り離され、あなたは穏やかな気分になる。
- 洞穴の奥には老人がいる。老人は手招きしてあなたを座らせ、選択肢について1つずつ説明しなさいと言う。
- ただし、具体的な状況やそれによる利益や損失、理屈、周囲からの期待、あなたが負っている義務感などを老人は聞くつもりはない。
- それぞれの選択肢について、あなたがどう感じているのか、どれが正しくてどれが間違っていると思うのか。老人が知りたいのはそれだけだ。
- 会話の秘密は完全に守られるから、心から正直に話せばいい。何を言おうかと考える必要もない。頭に浮かんだ言葉を口にしよう。

※出所：『運のいい人の法則』（リチャード・ワイズマン）

調査⑧　内なるガイドに訊く

最後に、『一瞬で「自分の答え」を知る法』(ゼン・クライア・デブラックほか／徳間書店)に出てくる、「内なるガイドに訊く」という方法を見ていきましょう。

本書は感情や思い込みに振り回されず、自分だけの正解が一瞬でわかる方法について述べた1冊です。本書の著者、ゼン・クライア・デブラックはインスピレーション・コーチであり、多くの著名人が加盟する「トランスフォーメーシャル・リーダーシップ・カウンシル」のメンバーで、インターネットコンサルティング企業であるザ・ネットキッチンの元CEOです。

本書の中で紹介されている「内なるガイドに訊く」とは、何かに迷ったら、これからしようとしている行動や抱いている考えに対して、喉と胸の間(みぞおちの辺り)でどんな感じがするかを確認するというもので、「開放的な感じ、気持ちが上がるような感じ」がした場合はその行動や考えで正しく、「閉塞的な感じ、気持ちがどんよりするような感じ」がした場合は、その行動や考えが正しくない可能性があると判断できる、としています。

これも「内なるガイド」という名の直感に問いかける、「直感的判断モデル」の一つであり、特に「身体の声を聞く」方法に酷似しています。

「内なるガイドに訊く」

- 何かに迷ったら、これからしようとしている行動や抱いている考えに対して、喉と胸の間（みぞおちの辺り）でどんな感じがするかを確認する
- 「開放的な感じ、気持ちが上がるような感じ」がした場合は、その行動や考えで正しいので、そのまま進んでよい。「閉塞的な感じ、気持ちがどんよりするような感じ」がした場合は、その行動や考えが正しくない可能性があるため、再考した方がよい。

※出所：『一瞬で「自分の答え」を知る法』（ゼン・クライア・デブラックほか）

検証

「悩みを解決する」手法を試してみた

さて、ここまで「悩みを解決する」ための様々な手法＝問題解決手法を見てきました。次に、いよいよこれらの検証に入っていきたいと思います。

まずは、「論理的判断モデル」から見ていきましょう。

1 「論理的判断モデル」の検証

「論理的判断モデル」の検証ポイントに関しては、「現実性」面としては**「①その方法を現実的に使いこなすことができるか？」**という点、「有効性」面としては**「②その手法を使って有効な解決策が導き出せるか？」**という点を見ていくことにしました。

前述の通り、「論理的判断モデル」は「どうしたらいいか」という悩みに対処できる手法であり、**「①何に悩んでいるのかを明確化する」「②その悩みに対する直接的な解決策が**

あれば実行する（**なければ③へ**）」「**③その悩みが起きた要因を分析する**」「**④その要因に対する解決策を検討する**」「**⑤効果的と思われる解決策から実行する**」という５つのステップで成り立ちます。そこで、このステップに沿って検証を行なうことにしました。

以下では僕が以前、実際に抱えていた悩みに対して、「論理的判断モデル」をどのように試し、実際に解決できたのかを述べていきたいと思います。

※以降の文章は、一度の出来事ですべて検証したかのように書いていますが、実際には数年間かけ、何度かの出来事を通して検証を行なったものになりますので、その点だけご留意いただければと思います。

★僕の悩み：「プレゼンであがってしまう」

僕は職業柄、大勢のお客様の前でプレゼンをしたり、セミナーで話したりすることがよくあります。今でこそ、そうした場でもそこまで緊張せずに話せるようになってきましたが、若いころは緊張してしまってうまく話せないのがずっと悩みでした。

そこで、この悩みに対して**「論理的判断モデル」で対処してみることにしました。**

①何に悩んでいるのかを明確化する

まずノートに、自分が今、何に悩んでいるのかを具体的に書き出してみました。**「プレゼンの場で、大勢の人の前に立つと緊張してしまい、うまく話せない」**。

②その悩みに対する明らかな解決策があれば実行する（なければ③へ）

次に、この悩みに対する明らかな解決策を考えてみました。「緊張すること」に対する直接的な解決策は何でしょうか？　よく「深呼吸をするとよい」とか「手に人という文字を3回書いて飲む」といった方法を聞きますが、経験上、そうしたことをして緊張が和らいだ試しがありません。そこでこれは省略して次に進むことにしました。

③その悩みが起きた要因を分析する

次に、大勢の人の前で緊張してしまう要因を考えてみることにしました。

一番はじめに思いついたのは、**「頭が真っ白になって話すことが飛んでしまったらどうしよう」という恐怖感**です。よく芸能人の方が緊張で台詞が飛んでしまった、というようなエピソードを語っていますが、そんなことが自分の身に起きたらと思うと、恐ろしくて仕方ないし、余計に緊張してしまうのです。

次に思いついたのは、**「本当はこんなプレゼンなんて誰も興味ないいんじゃないか、誰も聞いてないいんじゃないか」という疑心暗鬼**です。本当はそんなことないとは思うのですが、どうもシーンとした中でたった一人話していると、大海原の中を一人で泳いでいるような、そんな心もとなさを感じてしまい、うまく話せなくなってしまうのです。

そして最後に思いついたのは、**「専門家っぽくビシッと話さないといけない」という重圧感**です。本当の自分はそんな大した人間ではなくあまり自信もないのに、それを仮面の下に隠し、専門家然として自信満々で話さないといけないのが、自分ではない自分が話しているような違和感を感じて余計に緊張につながってしまうのです。

そこで、ノートに**「話すことが飛んでしまうという恐怖感」「誰も聞いていないのではという疑心暗鬼」「専門家っぽく話さないといけないという重圧感」**と書き出してみました。

④その要因に対する解決策を検討する

次にそれぞれの要因について、解決策を考えてみることにしました。

まず1つ目の**「話すことが飛んでしまうという恐怖感」**に関して、具体的なシーンを思い出してみました。

これまで一度だけ、プレゼン中に自分が何を話しているのかがわからなくなってしまい、一時的なパニック状態に陥ったことがあります。本来、自分が言いたいことは基本的に資料に書いてあるので、話すことを忘れたとしてもそれを機械的に読めばいいはずなのですが、そんな時は資料に印刷された文字すら頭に入ってこないのです。そして不思議なことに、パニックになった時でも自分が「手書き」で書いた文字だと、なぜか頭に入ってきて読むことができることを思い出しました。

そこで、**各ページのメインメッセージを手書きでメモしておく**、という方法を思いつきました。そうすれば、たとえ話すことが飛んだとしても、書いてあることをそのまま読めばなんとか進めることができます。またそうした保険があるという安心感自体が、緊張感を和らげてくれます。

次に2つ目の要因、**「誰も聞いていないのではという疑心暗鬼」**に関しても、具体的なシーンを思い出してみました。

僕が行なうプレゼンの場合、大抵はプロジェクターでスライドを映写しつつ、同じ資料を紙で配ります。それで、大半のお客様は手元の資料を読んでいて頭を上げないので、ますます本当に聞いているのか、下を向いて寝ているのかわからず、余計にそうした疑心暗鬼を生じることになるのです。ただし、そんな中でも全員が必ず顔を上げてくれる瞬間があります。それは、資料に書くのを忘れたことを口頭で補足する時で、「これは資料には書いていないのですが……」と言うと、下を向いて資料を読んでいた人でも、こちらを見てくるのです。

そこで、**資料に書いていないことを述べて相手のリアクションをもらう**、という方法を思いつきました。何かしらそうやって相手がリアクションをとってくれると、きちんと話を聞いてくれている、一人で話しているのではなくて双方向でコミュニケーションをとっている、という安心感を感じることができて、緊張感を減らしてくれます。

最後に3つ目の要因、**「専門家っぽく話さないといけないという重圧感」**について考えてみました。

よくよく考えてみると、難しい言葉を使って自信たっぷりに話すのが、よいプレゼンとは限りません。たとえば社内でも天才と謳われていた、とあるマーケターの方のプレゼンは、飄々としていて決して自信に満ちた話し方でもありませんでした。その代わり、専門用語は一切使わずに、まるで小学生に説明するようなやさしい言葉遣いで、時には自分の体験や身近なエピソードなどを交えながら丁寧に説明をするので、誰が聞いてもわかりやすいと評判でした。

そこで僕も、**自分の言葉を使ってフラットに話す**ようにしてはどうかと考えました。無理して専門用語を使ったり、自信たっぷりに話さないといけないと思うから緊張するのです。多少の自信のなさを抱えたままでよいから、自分の言葉でわかりやすく説明することだけを考えれば、緊張感は少なくなるのではないかと思いました。

これらをまとめてノートに、**「言いたいことを手書きで書く」「資料に書いていないことを述べる」「自分の言葉で話す」**と書いてみました。

⑤効果的と思われる解決策から実行する

実際に次のプレゼンから、この3つを実行してみました。

まず「言いたいことを手書きでメモする」ということに関しては、**前日に必ず予行演習を行ない、あらためて各ページで言いたいことを手書きで書き入れていく**ことにしました。

行なってみてわかったのは、これをすることで緊張がとれるだけでなく、各ページで一番言いたいことを再確認できるというメリットがあることです。1ページの中の情報量が増えてくると、そのページの中で一番伝えたかったことがぼやけてくることがあります。

しかしこうした事前準備をしておくことで、情報の優先順位をあらためて認識できるため、プレゼンのメリハリをつけることができるのです（ですので、あまり緊張しなくなった今でも、この予行演習は必ず行なうことにしています）。

次に、「資料に書いていないことを言う」ということに関しては、**プレゼン内容に関連するエピソードや統計データを用意しておいて、余談として話す**ようにしてみました。

そして当日、「これはここには書いていないのですが」という言葉とともにそれを話し出すと、必ず皆さんが顔を上げて、何かしらのリアクションをとってくれます。そうすると緊張感よりも気持ちよさが上回ってきて、自然と話せるようになるのです（今でもセミナーなどでは、前段でそうした軽いネタやエピソードを話して緊張感をとるようにしています）。

最後に、「自分の言葉で話す」ということに関しては、**友だちに「昨日あった面白い話」を話す時のように、自分らしく話す**ことを心がけるようにしました。言葉遣いに関しても、なるべく難しい専門用語は使わず、一般的な会話に出てくるような言葉に直して話すことにしました。

これも実際にやってみると、自分の緊張感が取り払われる上に、お客様にとってもその方が理解がしやすいようで、それまでよりもわかりやすいとほめていただけることが多くなりました（ちなみに、178ページに出てくる『**その科学が成功を決める**』によれば、難しい言葉を使う人ほど「知性が低い」という判断を下されるという実験結果があるそうなので、よい印象を残す意味でもこの戦略は有効であるようです）。

これらのやり方を試しているうちに、僕はあまりプレゼンの場で緊張することがなくなりました。こうして、僕の「プレゼンであがってしまう」という悩みは「論理的判断モデル」で見事に解決できたことになります。

そこで、**「論理的判断モデル」は現実性、有効性ともに問題なかった**ということを結論として、次に「直感的判断モデル」について見ていきたいと思います。

2 「直感的判断モデル」の検証

「直感的判断モデル」の検証ポイントに関しては、まず「①現実性」面としては**「その手法を現実的に、使いこなすことができるか？」**という点、次に「②有効性」面としては**「その手法を使って正しい選択肢を選ぶことができるか？」**という点を見ていきました。

前述の通り、「直感的判断モデル」は「どちらにすべきか」という悩みに対処できる手法であり、**「どちらを選んだ方がよいかを自分の直感に問いかける」**という点で共通するものの、直感への問いかけ方が微妙に異なります。このため、一つひとつの手法別に検証を行なうこととしました。

以下では僕が数年前に実際に抱えていた悩みに対して、「直感的判断モデル」をどのように試し、実際に解決できたのかを述べていきたいと思います。

※以降の文章は、一度の出来事ですべて検証したかのように書いていますが、実際には数年間かけ、何度かの出来事を通して検証を行なったものになりますので、その点だけご留意いただければと思います。

★僕の悩み：「起業するか、会社に残るか」

僕がこれまでの人生で最も大きな選択を迫られたのは、10年ほど勤めていた会社を辞めた時でしょう。

第2章で述べたように、僕自身は情報を集めたり、データを分析したりという作業が何よりも好きで、それを業務として行なえるマーケティング・リサーチという仕事は楽しくて仕方ありませんでした。そして勤務していた会社も、自由裁量が大きく、同僚たちもいい人ばかりで、給与も悪くありませんでした。さらに言えば、当時すでに行なっていた作家業の方も、副業として会社には認められていたため、会社を続けながら作家業を行なうことは特に問題もなかったのです。

けれでも、本当にやりたいことである**「成功するコツを調査・分析して、悩める若者たちに伝える」**（第2章参照）ということに関して取り組むことができるのが業務外の時間しかない、という現状にだんだん我慢ができなくなってしまいました。このことをもっと具体的な事業プランとしてまとめ、世の中に打ち出すことができたなら、もっともっと社会によい影響が与えられるのに……、と思うといても立ってもいられなくなってきて、そうできない現状に罪悪感とストレスを感じるようになってきました。

とはいえ、まだまったく事業化する準備もできていないまま、長年慣れ親しんだ会社を辞めるのはあまりにも無謀だということもわかっていました。

会社を辞めて起業するべきか。このまま会社に残るべきか。悩んだ末に僕は、**「直感的判断モデル」によって占ってみることにしました。**

「身体の声を聞く」方法の検証

僕が最初に試してみたのは「身体の声を聞く」という方法でした。

家でソファに腰かけ、静かに目を閉じました。そして、「会社を辞めて起業したらどうなるだろうか？」と自分に問いかけてみました。

> **・身体が安らぎのメッセージを送ってきたら、それは正しい選択。**
> **不安のメッセージを送ってきたら、それは正しくない選択（大抵は心臓あたりの位置で反応がある）**

とのことなので、自分の心臓のあたりに意識を集中してみました。すると、**なんとなく「すがすがしい感覚」がありました。**

次に、「会社をこのまま続けたらどうなるだろうか？」と自分に問いかけてみました。するとなんとなく**「身体が重くなるような感覚」がありました。**

「安らぎのメッセージ」「不安のメッセージ」というビビッドな感覚は味わうことはでき

ませんでしたが、「すがすがしい感覚」と「身体が重くなるような感覚」でいうと、「すがすがしい感覚」がする方、つまり**起業する方を選ぶべきなのかな、と僕は思いました。**

ただ、その感覚が少し漠然としていて、導き出された結論にはっきりとした確信が持てなかったので、次の方法を試すことにしました。

「ワイズセルフに尋ねる」方法の検証

次に試したのは「ワイズセルフに尋ねる」という方法です。

僕は椅子に腰かけて目を閉じたまま、心の中でもう一人の自分に「起業した方がいいと思う？　会社に残った方がいいと思う？」と尋ねてみました。

- 脈絡もなく心の中に浮かんだ答えに注意してみる。何かイメージが見えるかもしれないし、声が聞こえるかもしれない。

そこでもう一人の自分の声に耳を傾けてみると、**「思い切って起業してみたら？」と言**

っているような気がしました。

けれどもそれは、本当に「ワイズセルフ」が言っていることなのか、なんとなくそんな気がするだけなのかが判断できず、これも導き出された結論に対してはっきりした確信が持てなかったため、次の方法を試すことにしました。

「心の中の老人を訪ねる」方法の検証

次に試したのは、「心の中の老人を訪ねる」という方法です。

僕は椅子に腰かけて目を閉じたまま、洞穴の中にいる自分をイメージしました。そして目の前に長い白髭をたくわえた、仙人のような老人が立っている姿を想像してみました。

そして次に、「起業する」「会社に残る」という2つの選択肢についてどう思っているのか、老人に説明を試みました。

・ただし、具体的な状況やそれによる利益や損失、理屈、周囲からの期待やあなたが負っている義務感などを老人は聞くつもりはない。
・それぞれの選択肢について、あなたがどう感じているのか、どれが正しくてどれが間違っていると思うのか。老人が知りたいのはそれだけだ。

この人生を大きく左右するような選択肢に対して、利益や損失を考えるなというのもかなり無茶だと思ったのですが、そうした論理的思考を無理に取っ払って、自分が今、どう思っているのかを考えてみました。

まず、「起業する」という方の選択肢について。……どう感じているのかと言えば、新しい挑戦にワクワクしている。けれども失敗するかもしれないと思うと怖い。**正しい、間違っているというのはわからない**。

次に、「会社に残る」という方の選択肢について。……どう感じているのかと言えば、また変わらない日々が続くと思うと罪悪感で押し殺されそうな思いがする。正しい、間違っているで言うと、理由はわからないけど**このまま居続けるのはなんか違う気がする。**

そうしてみると、「起業する」方が正しいかどうかはわからないものの、**「会社に残る」というのは自分で間違っていると考えていることがわかりました。**

「内なるガイドに訊く」方法の検証

最後に試したのは、「内なるガイドに訊く」という方法です。

僕は再び目を閉じ、「起業する」「会社に残る」というそれぞれの考えについて、みぞおちの辺りでどんな感覚があるかを確認してみました。

- **「開放的な感じ、気持ちが上がるような感じ」がした場合は、その行動や考えで正しいので、そのまま進んでよい。「閉塞的な感じ、気持ちがどんよりするような感じ」がした場合は、その行動や考えが正しくない可能性があるため、再考した方がよい。**

まずは「起業する」ということを考えてみると、**ふわっと胸の内から頭の方に向かって突き上がるような感覚を覚えました**。

次に「会社に残る」ということを考えてみると、**なんとなく胸が塞がれるような感覚がありました**。

この「胸の辺りの感覚」が妙に確信めいていて、「起業する」という道に進む自分の背中を押してくれているような気がしたのです。「感覚」でこんな重大な決断を下すのも我ながらおかしい気もしましたが、これ以上考えても結論が出ないと考えた僕は、**この「感覚」に従い、会社を辞めて起業することにしました**。

このように、結果として僕は「起業する」という方を選びましたが、この選択が本当に正しかったのかはもう少し長期的に見ていかないとわかりません。ただ、客観的事実として、現時点で特に路頭に迷うということは起きてはいないですし、起業してからやりたかったことが次々と実現できているので、主観的判断としては、起業を選んだのは間違いではなかったと思っています。

こうして、僕は「直感的判断モデル」によって見事に自分の悩みを解決することができました。つまり、**「直感的判断モデル」に関しても現実性、有効性ともに問題なかった**ということを結論としてよいかと思います。

検証結果の総括

ここまでの「論理的判断モデル」と「直感的判断モデル」の検証結果を総括してみたいと思います。

まず「論理的判断モデル」は、現実性・有効性とも問題なかったことはすでに述べた通りです。

これ以降、僕は悩みを抱えるたびにこの方法で解決しています。そして解決するたびにつくづく思うことは、終わってみると「なぜこんな単純な解決策が思い浮かばずに悩んでいたのだろう？」と思うほど些細なことで悩んでいたということです。

悩んでいる時の精神状態というのは大抵、心が重くなってその悩みを考えること自体が苦痛になっています。そうして思考放棄し、要因分析もしないため、有効な解決策も思いつかず、いつまでもその悩みを引きずったままということになるのです。

逆に言えば、悩みの原因はごく単純なことだったりするので、**決心して真正面から悩み**

に向かい合い、徹底的に原因を分析して打開策を打ち出そうとすれば、数年悩んでいたことが一瞬で解決できるということがよくあります。

一方で「直感的判断モデル」に関しては、計4通りの方法を試してみましたが、**僕にとって最も使いやすかったのは「内なるガイドに訊く」という方法でした。**「身体が何と言っているか」とか、「ワイズセルフが何と言っているか」「老人に何と説明するか」というより、「みぞおちの辺りにどんな感覚があるか」という方が判断基準が明確で、「直感」をすくいとりやすいのです。

これ以降、僕はどちらにすべきか悩む様々な場面で、この「直感的判断モデル」を活用してきましたが、**驚くべきことにこのモデルを使って、判断を外したことはほとんどありません。**どう考えても得をする取引なのに、直感が「止めた方がいい」と言っている気がしたので止めたら、後で聞いたら詐欺に近いものだったり、どう考えても行ってもいいことがなさそうな集まりなのに、直感が「行くべき」と言っている気がするので行ってみたら、思いがけない再会をしたり……。そうしたエピソードは枚挙に暇がありません。

けれども、なぜそんなことがありえるのでしょうか？

「問題解決手法」の検証結果

		現実性 現実的に使いこなせられるか？	有効性 悩みを解決させられるか？	備考
1. 論理的判断モデル	①何に悩んでいるのかを明確化する	○	○	現実性・有効性とも問題なく、悩みを解決できた
	②その悩みに対する明らかな解決策があれば実行する（なければ③へ）	○		
	③その悩みが起きた要因を分析する	○		
	④その要因に対する解決策を検討する	○		
	⑤効果的と思われる解決策から実行する	○		
2. 直感的判断モデル	「身体の声を聞く」	○	△	現実性・有効性とも、どの手法も大きな問題はなかったが、「内なるガイドに訊く」方法が最も直感をすくいとりやすかった
	「ワイズセルフに尋ねる」	○	△	
	「心の中の老人を訪ねる」	○	△	
	「内なるガイドに訊く」	○	○	

そもそも人生の選択として、客観的に「正しい」選択、客観的に「間違っている」選択というものが存在するはずがありません。**自分が「心から選びたい」と思う選択が正しくて、「本当は選びたくない」と思う選択が間違っている**という、ただそれだけの話でしょう。

けれども、「自分が心から選びたいと思う選択」というのが曲者で、「心の中の老人を訪ねる」の概要文にもあるように、頭で考えていくとどうしても、「利益や損失」「理屈」「周囲からの期待」「負っている義務感」といった雑念が邪魔してしまって、自分の気持ちがわからなくなってしまうものです。そこで、**「直感的」に判断すれば、そうした邪魔をされることなく、素直な自分の気持ちをすくい上げることができる**のでしょう。

実際に、「印象派の絵画」か「猫のポスター」のどちらがほしいか選んでもらうという実験で、あるグループにはどちらがよさそうかを「論理的に考えさせて」から選ばせ、別のグループには「直感」で選ばせると、直感で選んだグループの方が、論理的に選んだグループよりもその後の満足度が高い、という結果が出ているそうです（『明日の幸せを科学する』（ダニエル・ギルバート／早川書房））。

そういう意味では、「どちらにすべきか」という悩みに対しても、「論理的判断モデル」を使おうと思えば使うことができます。が、前述のように人生の選択肢を選ぶ時は、「論理的」に考えるよりも「直感的に」選んだ方が自分の選びたい方向がわかるという意味で、「直感的判断モデル」が適しているというわけです。

結論

「悩みを解決する」にはどうすればいいのか？

さて、ここまで「悩みを解決する」ための様々な手法と、その検証結果を見ていただきました。簡単におさらいしたいと思います。

まず、「悩み」には「どうしたらいいか」という悩みと「どちらにすべきか」という悩みの2種類がありました。

そして「どうしたらいいか」という悩みに対しては「論理的判断モデル」が有効であり、具体的には、**「①何に悩んでいるのかを明確化する」「②その悩みに対する明らかな解決策があれば実行する**（なければ③へ）**」「③その悩みが起きた要因を分析する」「④その要因に対する解決策を検討する」「⑤効果的と思われる解決策から実行する」**という手順で解決できることがわかりました。

また、悩みを抱えている時は、そのことを考えること自体が苦痛になって、悩みの要因や有効な解決策が思いつかなくなっているだけであって、正面から向き合おうとすれば、それほど解決が難しい悩みなどあまりないこともわかりました。

一方、「どちらにすべきか」という悩みに対しては、「直感的判断モデル」が有効であり、**「どちらを選んだ方がよさそうかを自分の直感に問いかける」**ことで解決できることがわかりました。

そして「直感的判断モデル」には、「身体の声を聞く」方法、「ワイズセルフに尋ねる」方法、「心の中の老人を訪ねる」方法、「内なるガイドに訊く」方法がありましたが、最後の、**「これからしようとしている行動や抱いている考えに対して、みぞおちの辺りでどんな感じがするかを確認する」**という方法が一番使いやすいことがわかりました。

また、この「直感的に判断する」という方法は、利益や損失、理屈、周囲からの期待、負っている義務感などを払い除け、素直な自分の気持ちをすくい上げることができる、有効な方法であることもわかりました。

すでに述べたように、僕自身、何か悩みを抱えると、「どうしたらいいか」という悩みなのか、「どちらにすべきか」という悩みなのかを判別して、前者なら「論理的判断モデル」、後者なら「直感的判断モデル」を使って解決しています。この方法を身につけてから、悩んでいる状態から解決するまでのスピードが飛躍的に上がりました。

何より「どんな悩みであろうとこの2つのモデルを使えば必ず解決できる」という事実は大きな安心感をもたらします。そして使えば使うほど、悩みの解決法がうまくなっていきます。ぜひ、あなたも使ってみてください。

第5章のまとめ

1 **悩みを抱えたら、まずその悩みの内容をはっきりさせてみよう。**
——「どうしたらいいか」という悩みか？「どちらにすべきか」という悩みなのか？

2 **「どうしたらいいか」という悩みには、その要因をとことん分析してみよう。**
——その要因に対する解決策を検討し、効果的なものから実行しよう。

3 **「どちらにすべきか」という悩みには、自分はどうしたいのか直感に聞いてみよう。**
——今思っている行動や考えに対して、どんな感覚がするか確かめてみよう。

第6章

「折れない心を持つ」にはどうすればいいのか？

序論

「折れない心を持つ」とは？

本章では、成功を得るための5つ目の戦略、「**折れない心を持ち、落ち込んでも立ち直る**」ための方法論について見ていきます。

自己啓発書の長い歴史の中で、最もポピュラーなテーマの1つが、いわゆるこの「ポジティブシンキング」「楽観思考」と言われる考え方と言ってよいでしょう。

自己啓発書の原点とも言われるジェームズ・アレンの『「原因」と「結果」の法則』（サンマーク出版）や、自己啓発書界の御三家の一つとも称されるノーマン・V・ピールの『積極的考え方の力』（ダイヤモンド社）をはじめ、実に多くの自己啓発書がこうしたテーマをとりあげており、むしろこのテーマにまったく触れていないものを探す方が大変なほどです。

また特に近年はアメリカ心理学会の会長であるマーティン・セリグマン教授が「ポジティブ心理学」を創設して以来、バーバラ・フレデリクソン教授やソニア・リュボミアスキー教授など、心理学的・科学的な見地から「ポジティブシンキング」の有効性を検証し、これを支持する研究者が多くなってきています。

ただ、これだけ「ポジティブシンキング」「楽観思考」を説く書籍があるのにもかかわらず、それらを読んであまり落ち込まなくなった、ポジティブに考えられるようになった、という人を僕はあまり見たことがありません。

そして僕自身、かなりのネガティブ人間で、何かがあるたびに、「これがうまくいかなかったらどうしよう」とか、「こんなことをして笑われたりしないだろうか」と考えてなかなか前に進めないところがあり、こうした性格を直したくて様々な文献を調べました。

まずはそれらの文献を引用しながら、これまでに提唱されている「折れない心を持つ」ための手法（ここでは**「積極思考手法」**と呼称します）を見ていきたいと思います。

※理屈はいいからとにかく結論だけ知りたい、という人は、308ページの「**【結論】「折れない心を持つ」にはどうすればいいのか？**」まで飛んでいただいても構いません

調査

「折れない心を持つ」ための手法を調査する

ではここからは、具体的な手法について見ていきたいと思います。

過去の様々な文献を紐解いてみると、「折れない心を持つ」ための手法＝「積極思考手法」は、大きく2つのグループに分けることができます。

1つ目のグループは、**ふだん自分が持っている自信や自己肯定感を増進させる手法**です。具体的には、これからご紹介する手法の中の「ポジティブな思考になる1日レッスン」「自信をつくる5つの行動」「健全なセルフイメージのための14ステップ」「自己評価を高めるための10のアイデア」などが該当します。ここでは、これらをまとめて**「ポジティブ増進法」**と呼称したいと思います。

そして2つ目のグループは、**落ち込んだ時にその憂鬱な気持ちを解消させる手法**です。具体的には、これからご紹介する手法の中の「トリプルカラム法」「PRPプロセス」「A

「積極思考手法」の類別

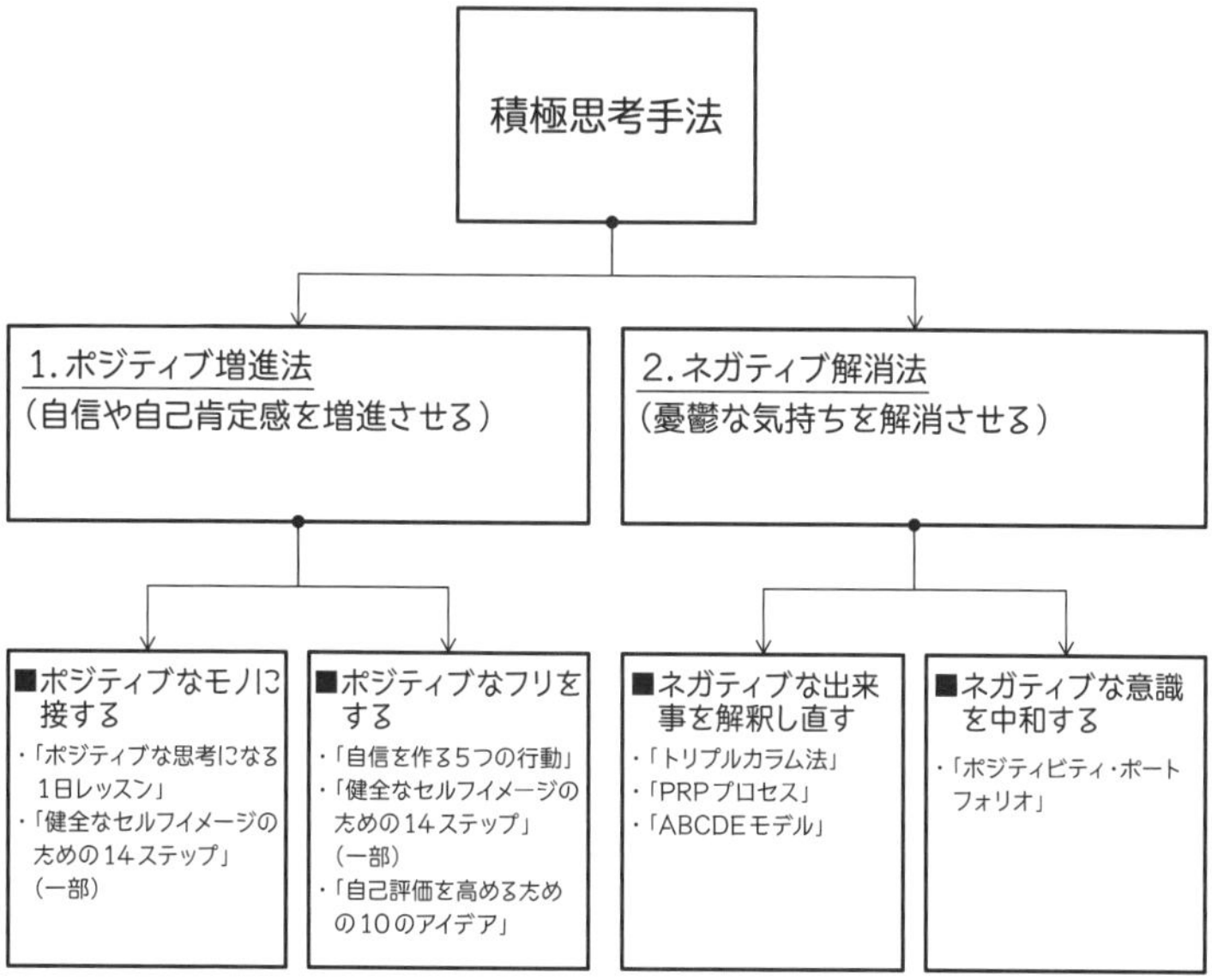
積極思考手法
1. ポジティブ増進法
(自信や自己肯定感を増進させる)
2. ネガティブ解消法
(憂鬱な気持ちを解消させる)
■ポジティブなモノに接する
・「ポジティブな思考になる1日レッスン」
・「健全なセルフイメージのための14ステップ」(一部)
■ポジティブなフリをする
・「自信を作る5つの行動」
・「健全なセルフイメージのための14ステップ」(一部)
・「自己評価を高めるための10のアイデア」
■ネガティブな出来事を解釈し直す
・「トリプルカラム法」
・「PRPプロセス」
・「ABCDEモデル」
■ネガティブな意識を中和する
・「ポジティビティ・ポートフォリオ」

BCDEモデル」「ポジティビティ・ポートフォリオ」などが該当します。ここでは、これらをまとめて**「ネガティブ解消法」**と呼称したいと思います。

そしてさらに、「ポジティブ増進法」は2つの方法に分かれます。

まず1つ目は、**「ポジティブなモノに接する」**という方法。「ポジティブなモノ」の中身はたとえば、「ポジティブな人」（楽天的で熱意ある人など）、「ポジティブな言葉」（アファメーションなど）、「ポジティブな事実」（自分の成功体験や長所など）、「ポジティブな話」（成功者の伝記や講演会など）などがあり、**こうしたポジティブなモノに触れているうちに自分もポジティブな思考になる**、という考え方のものです。この後ご紹介する手法で言うと、たとえば、「ポジティブな思考になる1日レッスン」「健全なセルフイメージのための14ステップ」の一部（③④⑧⑨⑩⑪）などが該当します。

次に2つ目は、**「ポジティブなフリをする」**という方法。いわゆる、「形から入る」という考え方ヤツで、**ポジティブなフリをしている間にいつのまにかそれが身につく**、という考え方です。この後ご紹介する手法で言うと、たとえば、「自信をつくる5つの行動」「健全なセルフイメージのための14ステップ」の一部（②⑤⑥⑦⑫⑬⑭）「自己評価を高めるための10のアイデア」などが該当します。

同じように、「ネガティブ解消法」は2つの方法に分かれます。

まず1つ目は、**「ネガティブな出来事を解釈し直す」**という方法。この後ご紹介する手法で言うと、「トリプルカラム法」「PRPプロセス」「ABCDEモデル」などが該当し、細かい方法は異なりますが、すべて**「ネガティブな出来事を違う視点から再解釈する」**という点で共通します。

そして2つ目は、**「ネガティブな意識を中和する」**という方法。これは、「ポジティビティ・ポートフォリオ」のみが該当します。細かい説明は後述しますが、ポジティブになれる媒体に意識を傾けることで、ネガティブな意識を薄めるものです。

それでは次のページから、個別の手法の内容を一つひとつ簡単にレビューしていきたいと思います。

1　ポジティブ増進法

調査①　ポジティブな思考になる1日レッスン

始めに、『とにかく、やってみよう！』（スーザン・ジェファーズ／大和書房）の中に出てくる、「ポジティブな思考になる1日レッスン」を見ていきましょう。

本書は、考え方を少し変えるだけで人生は大きく好転することを説いた1冊で、全米での発行部数は200万部を突破し、世界100ヵ国以上で読まれている世界的ベストセラーです。イギリスのタイムズ紙が「自己啓発の女王」と呼ぶ世界屈指の自己啓発家、スーザン・ジェファーズによって書かれました。

この手法のポイントは、とにかく様々な視覚情報や聴覚情報を使ってポジティブなメッセージに自分を触れさせる、という点です。朝起きてから夜寝るまでの間、「テープ（音源）」「引用句」「音楽」「アファメーション文」など様々なツールを利用して、とにかく何度も何度もポジティブなメッセージに触れることを推奨しています。

そうして**「ポジティブなモノに接する」**ことで、自然と自分の気持ちもポジティブな色に染められる、というわけです。

「ポジティブな思考になる１日レッスン」

①朝起きたら自己啓発のテープを20～30分かける。愛情に満ちたメッセージを心に染み込ませる。
②起きたら部屋に貼ったポジティブな引用句を見る。
③静かな音楽をかける。
④音楽を流しながら、その日選んだアファメーションを10分ほど繰り返す。鏡の前がよい。
⑤運動をしている時にもアファメーションをする。
⑥出勤中、自己啓発的なメッセージや感動的な音楽を聴く。
⑦職場のデスクに貼ったメッセージを意識する。
⑧予定表などにその日のアファメーションを書き込む。
⑨日常生活のプレッシャーや疑念が忍び寄ってきたら、気持ちが戻るまで何度もアファメーションを繰り返す。
⑩眠る前にリラクゼーション用のテープなどをかけて心を落ち着かせるメッセージに浸る。

※出所：『とにかく、やってみよう！』（スーザン・ジェファーズ）

調査② 自信をつくる5つの行動

次に、『大きく考えることの魔術』（ダビッド・シュワルツ／実務教育出版）に出てくる、「自信をつくる5つの行動」を見ていきましょう。

本書は文字通り、物事を大きく考え行動することの大切さを説いた1冊です。本書の著者、ダビッド・シュワルツ博士はジョージア州立大学経営管理学部の教授を務めた人物であり、ネブラスカ大学で理学士を取得しているほか、オハイオ州立大学で経営管理修士と哲学博士を取得しており、その専門分野は、経営組織、マーケティング、経済学、心理学にまで及んでいます。

この手法の特徴は、「自信をつくるために、すでに自信があるように振る舞う」ことを推奨している点です。

「前に座る」「じっと目を見る」「速く歩く」「進んで話す」「大きく微笑む」といった、この中で挙げられているすべての行動が、自信がない人がするような行動というよりは、自信たっぷりの人がいかにもしそうな行動、と考えられるでしょう。

すでに自信があるように振る舞う、つまりは**「ポジティブなフリをする」**ことで、いつのまにかそれが素になって「自信がつく」というわけです。

「自信をつくる5つの行動」

①前に座るように心がけること

②じっと目を見る習慣をつけること

③ 25%速く歩くこと

④進んで話すこと

⑤大きく微笑むこと

※出所：『大きく考えることの魔術』（ダビッド・シュワルツ）

調査③　健全なセルフイメージのための14ステップ

次に、『ジグ・ジグラーのポジティブ思考』（ジグ・ジグラー／ダイヤモンド社）に出てくる、「健全なセルフイメージのための14ステップ」を見ていきましょう。

本書は文字通り、ポジティブ思考の大切さを説いた1冊であり、アメリカで30年以上読み継がれ、167万部以上を売り上げた古典的名著です。本書の著者であるジグ・ジグラーは小学生のころから働き始めて億万長者になった立志伝中の人物として知られます。

この14項目を見ると、大きく分けて2つのグループに分けることができます。

まず1つ目は**「ポジティブなモノに接する」**というもの。具体的には、「③伝記や自伝」「④講演など」「⑧楽天的で熱意ある人」「⑨自分の長所」「⑩過去の成功体験」「⑪失敗を克服した成功者」などが挙げられます。「ポジティブな思考になる1日レッスン」と同じく、ポジティブな情報に触れることでポジティブな思考を作る、というものです。

2つ目は**「ポジティブなフリをする」**というものです。「②化粧・ドレスアップする」「⑤自信のある分野から始める」「⑥笑顔・褒め言葉」「⑦奉仕活動」「⑫スピーチ」「⑬目を見る」「⑭外見を変える」など、「自信をつくる5つの行動」と同じく、自信のある人のように振る舞うことで本当に自信がついてくる、というものです。

「健全なセルフイメージのための14ステップ」

①自分をじっくり見つめ、自分が許さなければ誰も自分に劣等感を味あわせることはできないことに気づく

②化粧やドレスアップをして外見を良くする

③豊かな人生を送った人の伝記や自伝を読む

④講演家や教師、牧師の言葉に耳を傾ける

⑤まずは自信のある分野から挑戦を始める

⑥笑顔や褒め言葉を与える

⑦誰かのために何かをする（報酬やお返しを受け取らない）

⑧楽天的で熱意を持っている人々と付き合う

⑨自分の長所をカードに書き出して持ち歩き、いつも見る

⑩過去の成功体験のリストを作る

⑪失敗から成功を勝ち得た人々に学ぶ

⑫人前で話すことを求められる組織に入る

⑬鏡の前で自分の目を直視し、相手と接する時も目を見る

⑭努力してできることなら外見を好ましいものに変える

※出所：『ジグ・ジグラーのポジティブ思考』（ジグ・ジグラー）

調査④　自己評価を高めるための10のアイデア

次に、『成功の心理学』（デニス・ウェイトリー／ダイヤモンド社）に出てくる、「自己評価を高めるための10のアイデア」を見ていきましょう。

本書は人生というゲームの勝者になるための方法を説いた1冊で、著者は人間行動学博士であり、能力・モチベーション開発の専門家であるデニス・ウェイトリー博士です。博士は南カリフォルニア大学客員教授、全米オリンピック委員会心理学部会委員長などを歴任し、宇宙飛行士からアスリート、経営者など、幅広い人々の指導に携っています。

この手法の特徴は、「自信をつくる5つの行動」などと同じく、自信をつくるために、すでに自信があるように振る舞う、つまり**「ポジティブなフリをする」**ことを推奨している点です。「②自分から名乗る」「⑤目立つ席に座る」「⑥姿勢よく堂々と歩く」「⑧気力と自信に満ちた言葉で話す」など、いかにも自信のある人のように振る舞うことでいつのまにか本当に自信がついてくる、というわけです。

ただし、「③今日の良かった点と理由を書き出す」だけは、**「ポジティブなモノに接する」**という方に分類されます。これに関しては心理学の実験でも、寝る前に「今日よかったこと」を3つ書き出すと幸福度が高まることが実証されています。

「自己評価を高めるための10のアイデア」

①いつも自分が最高に見えるように身だしなみに気をつける

②電話に出たら、まず自分から名前を告げる

③今日のあなたの良かった点を書き出し、その理由を記す

④単純だが丁寧に「ありがとう」を言う

⑤最も目立つ席に胸を張って座る

⑥姿勢よく堂々と歩く

⑦自分の価値基準を設定する

⑧自分のことを他人に話すとき、気力と自信に満ちた言葉づかいをする

⑨自己啓発プランを作り、それに基づいて前進する

⑩スマイル！

※出所：『成功の心理学』（デニス・ウェイトリー）

2　ネガティブ解消法

調査⑤　トリプルカラム法

次に『いやな気分よ、さようなら』（デビッド・D・バーンズ／星和書店）に出てくる「トリプルカラム法」を見ていきましょう。

本書は抑うつを改善し、気分をコントロールするための方法を紹介した1冊で「鬱病のバイブル」と言われています。著者であるデビッド・D・バーンズは、ハーバード大学医学部客員研究員を経てスタンフォード大学医学部精神行動医学診療准教授を務めており、うつと不安の治療法である認知療法・認知行動療法のパイオニアと言われています。

この「トリプルカラム法」は、落ち込んだ時や自信を喪失した時に、文字通り3つのカラム（列）を用意して、一番左の列に**「①自動思考（ネガティブな気持ち）」**を、真ん中の列にその気持ちの中にある**「「②認知の歪み（誤り）」**を、一番右の列にその誤りを踏まえて**「③合理的反応（合理的で落ち込まない考え）」**を書くというものです。

この手法は、**「ネガティブな出来事を解釈し直す」**方法の一つと位置づけられますが、「認知の歪みリスト」というツールを用意している点が特徴的です。

「トリプルカラム法」

①自動思考
・落ち込んだら、左の欄に自分の「自動思考（ネガティブな気持ち）」をすべて書き出す
②認知の歪み
・下記の認知の歪みリストを使って、その思考に「認知の歪み（誤り）を見つけ、真ん中の欄にそれを書き出す
③合理的反応
・右の欄に「合理的反応（合理的で落ち込まない考え）」を書き入れる

自動思考	認知の歪み	合理的反応
（例） 自分はいつも 遅刻している ダメな人間だ	（例） 一般化のしすぎ	（例） いつも遅刻してるわけじゃない。 それはおかしい。 定刻通り行ったことを 思い出してみよう。

■認知の歪みリスト
①全か無か思考：物事を白か黒かのどちらかで考える思考法。少しでもミスがあれば完全な失敗と考えてしまう。
②一般化のしすぎ：たった1つの良くない出来事があると、世の中すべてこれだ、と考える
③心のフィルター：たった1つの良くないことにこだわって、そればかりくよくよ考え、現実を見る目が暗くなってしまう
④マイナス化思考：なぜか良い出来事を無視してしまうので、日々の生活がすべてマイナスなものになってしまう
⑤結論の飛躍：根拠もないのに悲観的な結論を出してしまう（A. 心の読みすぎ：他人が自分に悪く反応したと早合点する、B. 先読みの誤り：事態は確実に悪くなる、と決めつける）
⑥拡大解釈（破滅化）と過小評価：自分の失敗を過大に考え、長所を過小評価する。逆に他人の成功を過大に評価し、他人の欠点を見逃す。
⑦感情的決めつけ：自分の憂鬱な感情は現実をリアルに反映している、と考える
⑧すべき思考：何かやろうとする時に「〜すべき」「〜すべきでない」と考える。あたかもそうしないと罰を受けるかのように感じ、罪の意識を持ちやすい。
⑨レッテル貼り：極端な形の「一般化のしすぎ」。ミスをしたら「自分は落伍者だ」など感情的で偏見に満ちたレッテルを貼る
⑩個人化：何か良くないことが起こった時、自分が責任がないことでも自分のせいにしてしまう

※出所：『いやな気分よ、さようなら』（デビッド・D・バーンズ）

調査⑥　ＰＲＰプロセス

次に、『最善主義が道を拓く』（タル・ベン・シャハー／幸福の科学出版）に出てくる「ＰＲＰプロセス」を見ていきましょう。

本書は、現代人が陥りやすい「完璧主義」に代わって「最善主義」という考え方の素晴らしさを説いた1冊です。著者のタル・ベン・シャハーはハーバード大学で最も人気のあった講義を受け持っていた人物として知られ、現在は、ペンシルベニア大学やイスラエルのヘルツリヤ学際センターで教職をとっています。

この「ＰＲＰプロセス」は3つのステップで行ないます。落ち込んだら、まずは自分の感じたことをそのまま吐き出す**許可（Permission）**を与えます。次に、「脅威」を「挑みがいのあること」と捉えたり、「失敗」を「成長した場」として捉え直し、状況を**再構成（Reconstruction）**します。そして最後に、より広い**視野（Perspective）**から眺めて、心配や落胆を小さくするというものです。

これも**「ネガティブな出来事を解釈し直す」**という点で「トリプルカラム法」と同じですが、「状況の再構成」（Reconstruction）や「広い視野」（Perspective）などという視点が他の手法にはない特徴になります。

「PRPプロセス」

①Permission（許可）

- 不安や恐怖を抱いたら、まず自分の感情を受け入れる「許可」を与える。
- 今感じていることをそっくりそのまま書き記す。

②Reconstruction（再構成）

- 認知的な「再構成」を行なう。
- これから起きる出来事を「脅威」ではなく「挑みがいのあること」と捉えたり、失敗したとき、それから何を学べ、どのように成長できたかを自問する。
- 物事は必ずしも最良の結果にならないという事実を認め、起こったことを最大限活用するように努める。

③Perspective（視野）

- より大きな「視野」から眺め、心配や落胆を小さくする。
- 試験で落第したらたったそれだけで人生は台無しになってしまうのか？　スピーチでヘマしたことは1年後も重大なままなのか？
- これまでに人生に起きた素晴らしいことを思い出してそれを正当に評価し、感謝するようになると大きな観点から物を眺めることができ、苦痛の原因である経験の影を薄くしてくれる。

※出所：『最善主義が道を拓く』（タル・ベン・シャハー）

調査⑦　ABCDEモデル

次に、『オプティミストはなぜ成功するか』（マーティン・セリグマン／パンローリング）に出てくる「ABCDEモデル」を見ていきましょう。

本書は、楽観主義者（オプティミスト）が悲観主義者（ペシミスト）に比べて、人生でいかに得をしているかを科学的に解明した1冊です。著者であるマーティン・セリグマン教授は、アメリカ心理学会会長を務めたほか、「ポジティブ心理学」の創設者としても知られています。

この「ABCDEモデル」は、ネガティブな出来事が起きたら、**「①困った状況（Adversity）」「②思い込み（Belief）」「③結末（Consequence）」「④反論（Disputation）」「⑤元気づけ（Energization）」**と順番に書いていく、というもので、特にポイントは、悲観的な出来事に対して自分が思ったこと＝「思い込み」の記述の中に、**事実とは異なる悲観的な解釈を見つけ、それに「反論」する**ところです。そのために、**「その思い込みに証拠はあるのか？」「別の考え方はできないか？」**と注意深く検証する姿勢が必要になります。

これも「トリプルカラム法」や「PRPプロセス」と同じく**「ネガティブな出来事を解釈し直す」**方法の一つですが、後述するようにほかよりも使い勝手がいい手法です。

「ABCDEモデル」

①Adversity（困った状況）
- 何か困ったことが起きた時、その「困った状況」を紙に書いてみる

②Belief（思い込み）
- 次に、それによって自分が抱いた「思い込み」を書いてみる

③Consequence（結末）
- そしてその「結末」として自分がどうなったかを記載する

④Disputation（反論）
- 先ほど書いた「思い込み」（Belief）に対する「反論」を検討する
- その思い込みに証拠はあるか？
- 別の考え方はできないか？
- 思い込みが本当だったら、どんな意味を持つか？
- その考え方は有効か？

⑤Energization（元気づけ）
- こうした反論により自分を「元気づけ」る

※出所：『オプティミストはなぜ成功するか』（マーティン・セリグマン）

調査⑧　ポジティビティ・ポートフォリオ

最後に、『ポジティブな人だけがうまくいく3：1の法則』（バーバラ・フレドリクソン／日本実業出版社）に出てくる「ポジティビティ・ポートフォリオ」を見ていきましょう。

本書は著者のバーバラ・フレドリクソン教授が発見した、ポジティブ感情とネガティブ感情の黄金比について説明した1冊です。彼女は現在、ノースカロライナ大学の教授を務めており、ポジティブ心理学の中でも最も注目されている心理学者の一人です。

本書では、ポジティブ感情を増やすための様々な方法が述べられていますが、その中で特に強調して書かれているのがこの「ポジティビティ・ポートフォリオ」という手法で、簡単に言うと、**ポジティブな感情を喚起させるもの、たとえば思い出の写真や大切な人からの手紙などを集めた作品集（ポートフォリオ）を作って眺める**、というものです。

これを考案したのはペンシルベニア大学の上級研究員であるジェームズ・ポウェルスキーで、緊張する面接の前に、尊敬するミハイ・チクセントミハイ教授にもらった手紙やマーティン・セリグマン教授と一緒に撮った写真などを眺めてから面接に臨んだところ、自信と落ち着きを持って話すことができた、という体験談からできたとされています。

ポートフォリオを使って、**「ネガティブな意識を中和する」**という点が特徴的です。

「ポジティビティ・ポートフォリオ」

6 調査

①ポジティブな感情を喚起させる作品集（ポートフォリオ）を作る
- ポジティブな感情（喜び・感謝・安らぎ・興味・希望・誇り・愉快・鼓舞・畏敬・愛）について、それらの感情を強く感じた瞬間を思い出す
- その瞬間に関する、写真や手紙や引用文や思い出の品などを 集め、ファイルフォルダーやスクラップブックやWEBページや電子フォルダやデジタル写真などに入れる
- それらは常に見えるところに置いておくのではなく、1つ以外はしまっておく（置きっぱなしにすると感動が薄まってしまう）

②ポジティブな感情を喚起したいときにそれを眺める
- 眺める際は漫然と眺めるのではなく、心を込めてじっくりと眺める
- ポジティブな感情をもたらす効力が薄れたと思ったら別のものに差し替える

※出所：『ポジティブな人だけがうまくいく3：1の法則』（バーバラ・フレドリクソン）

検証

「折れない心を持つ」手法を試してみた

さて、ここまで「折れない心を持つ」ための様々な手法＝積極思考手法を見てきました。次に、いよいよこれらの検証に入っていきたいと思います。

まずは、「ポジティブ増進法」から見ていきましょう。

1 「ポジティブ増進法」の検証

「ポジティブ増進法」の検証ポイントに関しては、「現実性」面としては**「①その手法を現実的に、使いこなすことができるか？」**という点、「有効性」面としては**「②その手法を使って、自信や自己肯定感を高めることができるか？」**という点を見ていくこととしました。
また「ポジティブ増進法」は前述の通り、大きく分けて、「ポジティブなモノに接する」

方法と「ポジティブなフリをする」方法とに分かれます。このため、この2つの方法別に検証を行なうこととしました。

以下では、僕自身がどのようにポジティブ増進法を試し、実際に自信や自己肯定感を高めることができたのかを述べていきたいと思います。

※僕がこれらのポジティブ増進法を検証したのは数年前で、まだ一般企業に勤めるごく普通のサラリーマンだったので、現在の僕の状況とはかなり異なるという点だけ、ご留意いただければと思います。

検証①　「ポジティブなモノに接する」方法

「ポジティブな思考になる1日レッスン」「健全なセルフイメージのための14ステップ」などを確認すると、「ポジティブなモノ」の例は以下のようなものがあります。

・「ポジティブな人」（楽天的で熱意ある人など）
・「ポジティブな言葉」（アファメーションなど）
・「ポジティブな事実」（自分の成功体験や長所など）
・「ポジティブな話」（成功者の伝記や講演会など）

このうち、「現実性」という観点で考えた時にハードルが高いと思ったのは、「ポジティブな人」です。具体例として書かれている「楽天的で熱意ある」ような人を周りの友人・知人から選定し、その人たちと一定の頻度で接触するというのは、正直ちょっと面倒な気がします。

そこで、それ以外の「ポジティブな言葉」「ポジティブな事実」「ポジティブな話」を検証対象とすることにしました。

「ポジティブな言葉」の検証：アファメーション文を音読する

「ポジティブな言葉」の代表例として出てくるのは「アファメーション」です。そして

3章で見ていただいたように、アファメーションは自己啓発書の中でも特にポピュラーな手法であり、様々な書籍にアファメーションのための文言例が出ています。

僕はスピリチュアル系の自己啓発書の代表作の1つ、『ライフヒーリング』（ルイーズ・L・ヘイ／たま出版）から、次のような文言を選びました。

・「僕は、この上ない幸せな人生に身を任せています」
・「僕は、誰にでも好かれています」
・「僕は、いつも前向きな気持ちで取り組みます」

そしてこの文章を毎朝、声に出して読むことにしました（本当は朝起きた後と夜寝る前にやるのがいいのですが、第3章で書いたように寝る前にやると変に目が覚めてしまって不眠気味になるので、夜は途中からやめることにしました）。

……が、結論から言うと、これは1ヵ月ほどでやめてしまいました。というのも、このアファメーション文では続けるモチベーションを維持できなかったのです。

第3章で見ていただいたように、アファメーションは、自分の脳が「信じられる」ようになって初めに効力を発揮します。けれども現状の文言では、自分自身が「誰にでも好かれている」「いつも前向きな気持ちで取り組んでいる」とはとうてい思えず、アホらしくて継続できない上に効果も期待できなかったのです。

そこで、**「ポジティブな言葉」の検証はここでストップし**、代わりに「ポジティブな事実」の検証を始めることにしました。

「ポジティブな事実」の検証：自分の長所を音読する

「ポジティブな事実」の具体例として出てくるのは**「自分の成功体験や長所など」**ですが、「自分の成功体験」は過去の栄光にしがみついているような感じがして気が進まなかったので、「自分の長所」で試してみることにしました。

そして第2章で見ていただいた自己分析結果、特に「価値観分析」を踏まえて、次のような文章を作ってみました。

・「僕は、周りに流されず、自分の信念を貫きます」
・「僕は、論理的思考を使って、真実を明らかにします」

この文章なら、自分自身が納得している自分の長所であることもあり、幾分の照れくささを別にすれば、先ほどのアファメーション文と違って続けることができそうでした。そのため、この文章を毎朝、声に出して読むことにしたのです。

そして僕は、この日課を実に5年以上続けたわけですが、果たしてそれで、自信や自己肯定感を増進させることができたのでしょうか？

それは、次の「ポジティブな話」の検証結果とまとめてお知らせしたいと思います。

「ポジティブな話」の検証：自己啓発書を読む

「ポジティブな事実」と並行する形で、「ポジティブな話」に関しても検証を行なうことにしました。

「ポジティブな話」の代表例として出てくるのは**「成功者の伝記や講演会など」**なので、

成功者のエピソードがイヤというほど載っている「自己啓発書」を毎日読む、という方法を試してみることにしました（もともと、この手の本を読むのが習慣になっていたので、これに関してはこの習慣を継続するだけで大丈夫でした）。

さて、先ほどの**「自分の長所を音読する」**と、この**「自己啓発書を読む」という2つの手法を5年以上にわたって行なって検証した**のですが、それによって僕は自信や自己肯定感を高めることはできたのでしょうか？

……結論から言うと、特に何も変わりませんでした。

どちらも、5年以上にわたって続けられたという点で「現実性」に関しては問題ありませんでしたが、「有効性」に関しては特に明確な効果は認められなかった、というのが僕の結論になります。

確かに、「自分の長所」に触れるとそれを再認識して前向きな気持ちになることができ、「自己啓発書」を読むことでモチベーションを高めることができました。ただし、この心理的変化は一時的なものにとどまり、この方法によって恒常的な自信や自己肯定感が高められたかというと、5年間続けていても（少なくとも主観的な実感としては）ほぼ変わりませんでした。実際に、落ち込んだり自信を喪失したりする回数が減ったかというと、まったく変わらなかったのです。

結論として、**「ポジティブなモノに接する」という方法に関しては、自信や自己肯定感を高めるという効果を認めることができません**でした。

検証②「ポジティブなフリをする」方法

こちらも僕が最初に考えたのは、どの「フリ」が自分にできそうかという点でした。

「自信をつくる5つの行動」や「健全なセルフイメージのための14ステップ」「自己評価を高めるための10のアイデア」などの中で挙げられた「ポジティブなフリ」には、たとえば以下のようなものがあります。

・目立つ席に座る
・進んで話す
・人前で話す
・お礼を言う
・じっと見つめる
・大きく微笑む
・自分から名乗る
・姿勢よく堂々と歩く
・速く歩く
・相手をほめる
・親切なことをする
・自信に満ちて話す

このうち、たとえば「大きく微笑む」「相手をほめる」「お礼を言う」などはふだんからよくやっていることです。また仕事柄、客先でプレゼンなどをする機会が多いので、「人前で話す」「自信に満ちて話す」「進んで話す」なども比較的している方です。

これらを除くと、「目立つ席に座る」「じっと見つめる」「速く歩く」「自分から名乗る」「親切なことをする」「姿勢よく堂々と歩く」などが残ります。

これらの中から、もともと猫背でだらだら歩くクセがある僕は、「**速く歩く**」「**姿勢よく堂々と歩く**」という行動を検証対象とすることに決めました。

「ポジティブなフリ」の検証：「速く歩く」「姿勢よく堂々と歩く」

この検証のために僕は、毎朝の通勤の際、家から最寄りの駅までを足早に、姿勢よく歩く、ということを日課にすることにしました。ふだん姿勢の悪い僕はそのために、家を出る前に壁に背中をつけて正しい姿勢をとり、その姿勢をキープしながら足早に歩くという技まで習得したのです。

そしてこちらも5年ほど継続して行なってみたのですが、その結果僕はどうなったでしょうか？

こちらも特に変化はありませんでした。

確かに、いい姿勢を保つと前向きな気分になりますし、足早に肩で風を切って歩くと何だか自分がエラい人物になった気がして、自信が出ます。けれどもその効果はあくまで一時的なもので、それを毎日行なっても、恒常的な自信や自己肯定感が高められることはありませんでした。

さらに、何かの悩みで頭がいっぱいになっている時や、大きな失敗をして落ち込んでいる時などは、「速く歩く」「姿勢よく堂々と歩く」という気力そのものが起きません。そのためそういったネガティブな状態の時は継続することそのものがかなり困難でした。

こうした意味で、この方法は「現実性」「有効性」両面とも、問題ありだったと言えるでしょう。そもそも、先に挙げられた「ポジティブなフリ」の例のうち、検証前からすでに半分くらいは日常的に行なっていたにもかかわらず、自信や自己肯定感をあまり感じていなかった時点で、有効性に関しては疑問を感じざるを得ません。

つまり結論としては、**「ポジティブなフリをする」という方法に関しても、自信や自己肯定感を高めるという効果を確認することができなかった**ということになります。

2 「ネガティブ解消法」の検証

「ネガティブ解消法」の検証ポイントに関しては、まず「現実性」面として**「①ネガティブな出来事が起きた時にその方法を行なうことができるか？」**という点、「有効性」面として**「②その方法を行なって憂鬱な気持ちを解消させることができるか？」**という点を見ていきました。

また「ネガティブ解消法」に関しては、大きく分けて、「ネガティブな出来事を解釈し直す」方法と「ネガティブな意識を中和する」方法とに分かれます。このため、この２つの方法別に、一つひとつの手法について検証を行なうこととしました。

以下では僕自身のとある失敗談を例にとって、どのようにこのネガティブ解消法を使い、実際に憂鬱な気持ちを解消させることができたのかを述べていきたいと思います。

※以降の文章は、一度の出来事ですべて検証したかのように書いていますが、実際には数年間かけ、何度かの出来事を通して検証を行なったものになります。またそのころ僕は、一般企業に勤めるごく普通のサラリーマンだったので、現在の僕の状況とはかなり異なるという点だけご留意いただければと思います。

★僕の失敗：「ビールぶっかけ事件」

ある時僕は、過去に何度かお仕事をご一緒したことのあるお客様（ここではAさんとします）から指名を受け、とあるプロジェクトを担当することになりました。

Aさんは仕事への要求水準が厳しいことで知られていましたが、その分とても仕事ができる方で、僕は以前からひそかに尊敬の念を抱いていました。そんなAさんが自分を信頼してお声をかけてくれたという事実が嬉しくて、いつもにも増して気合が入りました。

結果、そのプロジェクトはどうにか無事に終わってほっとしていたところ、Aさんから打ち上げを兼ねて一杯やりましょうというお話をいただき、上司とともに宴席につくことになりました。

宴会がスタートし、もともと少し強面で口数の少ないAさんにははじめは少し緊張していた僕でしたが、お酒も少しまわってきて緊張がほぐれて会話できるようになってきました。そしていい感じで盛り上がっていた終盤に事件は起きました。

対面に座っていたAさんのグラスが空になっていたことに気づいた僕は、お酌をしようとAさんの傍らに置いてあったビール瓶に手を伸ばしました。その時！

少し酔いがまわって手先があやしくなっていた僕は、ビール瓶をつかみそこねてそのまま押し倒してしまったのです。あっと思った時には大量のビールがAさんに向かって流れ落ち、Aさんのお召し物はスーツからシャツからビショビショになってしまいました。

こぼれたビールを慌てて拭きながら、僕は平謝りに謝りました。そしてクリーニング代を払わせてくださいと申し出ましたが、Aさんはにこりともせず「いいよ、大丈夫」と言うばかりで頑なに受け取ってはくれず、地獄のような空気の中、宴会は終わりました。

当然ながら帰り道で上司にはこっぴどく怒られ、「最悪、取引停止になるかもしれない、そうなったら君のクビだけでは済まない」と脅されました。何より、せっかく僕を信頼してくれていた相手にとんでもない失礼を働いてしまったという罪悪感がいつになっても消えず、次の日になっても落ち込む一方でした。

そこで僕は、様々なネガティブ解消法を試してみることにしたのです。

検証① 「ネガティブな出来事を解釈し直す」方法

「トリプルカラム法」の検証

まずは「トリプルカラム法」を試してみることにしました。

①自動思考

僕はノートに3つの箱を書き、一番左の箱に「自動思考」と書いてその下の行に自分の今の正直な気持ちを書いてみることにしました。**「僕は最低すぎる。Aさんも内心激怒していただろうし、僕に幻滅したことだろう」**と書きました。

②認知の歪み

次に「認知の歪みリスト」を使って、この文章の中にある、「認知の歪み」を探してみることにしました。

すぐに見つかったのは、**「①全か無か思考（物事を白か黒かのどちらかで考える思考法。少しで**

もミスがあれば完全な失敗と考えてしまう）」と**「⑤結論の飛躍（根拠もないのに悲観的な結論を出してしまう）」**という歪みです。

特に「結論の飛躍」にある**「心の読みすぎ（他人が自分に悪く反応したと早合点する）」**という文章を読んで、僕ははっと思いました。確かに、他の人がどう思ったかなんてわかるはずはないので、勝手にAさんの心を読んで勝手に結論を出しています。

そこで真ん中の箱に「全か無か思考」と「結論の飛躍（心の読みすぎ）」と書きました。

③合理的反応

そして最後に、一番右の箱に、「合理的反応」と書き、その下に落ち込まない（合理的な）考え方として、**「ちょっと酒をこぼしただけで自分のことを最低とか言うのはさすがに極端すぎる。そしてAさんが激怒してたとか幻滅したとか、勝手に決めつけている。他の人がどう思ったかなんてわかるはずがない」**と書き入れてみました。

そうして、僕の気持ちはどうなったでしょうか？

……特に変わりませんでした。

なぜでしょうか？　確かに自分の思考が結論を急ぎすぎており、「自分は最低人間だ」

とか、「Aさんは激怒していただろう」と勝手に決めつけていることはわかりました。しかしだからと言って「Aさんは特に怒ってはいなかった」と判断できたわけでもなく、「Aさんがどう思ったのかはわからない」というどっちつかずの推論が出ただけで、もやもやだけが残ったのです。

結論として**「トリプルカラム法」では憂鬱な気持ちを解消することはできません**でした。

「PRPプロセス」の検証

次に試したのは、「PRPプロセス」です。

①Permission(許可)

僕はノートに「Permission」と書いて、人間的に振る舞うことを自分に「許可」し、素直な感情として、**「僕は最低すぎる。Aさんも内心激怒していただろうし、僕に幻滅したことだろう。死にたい! 今すぐ死にたい!」**と書き殴ってみました。

②Reconstruction(再構成)

次に、その下に「Reconstruction」と書いて、この状況の「再構成」をする意味で、この失敗から何を学べたかを考えてみました。

そして考えた挙句、**「酒を飲む時にはこぼさないように気をつけるということを学んだ」**と書きました。正直、小学生の反省文みたいでいっそう情けない気持ちになりました。

③ Perspective（視野）

最後に僕は、この事件をより大きな「視野」から眺めてみることにしました。ノートに、「Perspective」と書き、**「長い人生の中で考えたら、お客様に酒をこぼしてしまったことくらい、全然大したことじゃない」**と書いてみました。

結果どうなったか？

憂鬱な気持ちはまったく晴れることはありませんでした。

それはそうでしょう。そりゃ、長い人生から見ればこんな事件なんて確かにちっぽけな問題です。けれども、「今、この瞬間」においては、お客様に多大な迷惑をかけてしまって、大事件になっているからこそ落ち込んでいるわけで、それを「長い人生の中で考えたら大したことじゃない」とか言われたくらいですぐに元気になれるなら、そもそもはじめから落ち込んだりはしないでしょう。

結論として、**僕としては「PRPプロセス」ではまったく憂鬱な気持ちを解消することはできませんで**した。

「ABCDEモデル」の検証

最後に試してみたのは「ABCDEモデル」です。

① Adversity（困った状況）

僕はノートを取り出し、まずは今回の「困った状況」を書いてみることにしました。あらためてその情景を思い出し、その絶望感に耐えながら、ノートの新しいページに**「大恩のあるAさんにビールをこぼしてスーツをビショビショにした」**と書きました。

② Belief（思い込み）

次に、その下の行に自分の「思い（込み）」を書くことにしました。**「僕は最低すぎる。Aさんも内心激怒していただろうし、僕に幻滅したことだろう」**と、ネガティブな気持ちをそのまま正直に書いてみました。

③ Consequence（結末）

さらにその下にこの事件の「結末」として、**「めっちゃへこんでる。このまま会社辞めて放浪の旅に出たい」**と書いてみました。

④ Disputation（反論）

次に、**「僕は最低すぎる。Aさんも内心激怒していただろうし、僕に幻滅したことだろう」**という自分の思い（込み）へ反論材料として、「証拠はあるか？」「別の考え方はできないか？」などの点を検討していきました。

まず、**「証拠はあるか？」**という点です。

僕が「最低」である証拠は特にありませんが、最低なことをしでかしたことは紛れもない事実であり、証拠なんて必要ないでしょう。そして当然ながら、Aさんが「激怒していた」「幻滅した」という証拠もありませんが、絶対そうに決まってるじゃないか……。僕はそう思って次の点を考えてみました。

次は**「別の考え方はできないか？」**という点です。

別の考え方……。僕は必死で考えてみました。そしてふと、数年前にまったく逆の立場で同じような事件があったことを思い出したのです。

その時は、仲のよい友人と居酒屋で飲んでいた時に、酒を運んできた、いかにも新人っぽい店員が誤ってグラスを倒し、僕の服にお酒をこぼしたのでした。

あの時はどうしたんだっけ……？　僕は思い出してみました。確か、その後慌てて店長が謝りに来たけど、別にわざとこぼしたわけでもないし、家に帰って洗濯すりゃいいし、と思って「いいよいいよ、大丈夫！」と言ってそのまま流したのでした。今まですっかり忘れていたくらいですから、当時も本当に何とも思わなかったのでしょう。

そして、僕がその時に居酒屋の店長に言った「いいよ、大丈夫！」という台詞が、Ａさんが僕に言ったのとまったく同じ台詞だったことに気づきました。

……もしかしたら、僕と一緒で、あの「いいよ、大丈夫」という言葉は真意だったのかもしれない。本当に気にしていなかったのかもしれない。いやそもそも、底意地の悪い性格のこの僕ですら、見ず知らずの店員にこぼされて何とも思わなかったくらいなのに、Ａさんのような方が、仕事関係の人間にそこまで激怒したりするだろうか……。

本当のところはＡさんに聞いてみないとわかりません。ただ、様々な事実を照合してみると、**Ａさんはそこまで怒っていない可能性の方が高い気がしてきたのです。**

もちろん大事なお客様にとんでもないことをしでかしたことは事実ですし、僕自身充分な反省が必要であることは言うまでもありません。ただ、この仮説が正しければ、Aさんはそこまで激怒してもいなければ幻滅したわけでもないことになるため、僕がそこまで落ち込んでいる理由はなくなることになります。

⑤Energization（元気づけ）

こうして僕は、当初考えていた**「激怒していただろうし幻滅しただろう」**という解釈をあらため、**「ある程度の信頼関係がある相手にそこまで怒ったり幻滅したりしないだろう」**という別の解釈を加えることに成功しました。

そして僕は、**完全に立ち直ったのです！**　いったん落ち込むことがあると数週間は憂鬱な気持ちを引きずるのが常の僕にとって、これは驚くべきことでした！

そして、後日Aさんにはあらためてお詫びしたところ、笑って許していただきました。

このように「ネガティブな出来事を解釈し直す」方法として、3つの手法を試したわけですが、**最も効果を感じられたのは「ABCDEモデル」でした。**

検証②　「ネガティブな意識を中和する」方法

ポジティビティ・ポートフォリオ」の検証

最後に試したのは、「ポジティビティ・ポートフォリオ」です。

①ポジティブな感情を喚起させる作品集（ポートフォリオ）を作る

今回僕が用意した「ポートフォリオ」は、ある研修で使ったシートです。

その研修では、「自分のよいところを知る」というテーマで、グループのメンバー同士でお互いのよいところを紙に書いていく、というワークがありました。

当然、僕もグループのメンバーの数人から僕のよいところを書いてもらったシートを受け取ったのですが、他人が自分の長所を認めてくれているという事実は想像以上に気分をよくしてくれ、ポジティブな気持ちを大いに喚起させるものでした。

そこで、今回はこの**「他の人が書いてくれた自分の長所」というシートをポートフォリオとして利用する**ことにしたのです。

ころが書いてあるそのシートをじっくりと読み直してみました。

②ポジティブな感情を喚起したい時にそれを眺める

僕は、ポジティブな感情を喚起させて、憂鬱な気持ちを解消させるべく、自分のよいところが書いてあるそのシートをじっくりと読み直してみました。

結果、どうなったでしょうか？

たった数分間、そのシートを読み直しただけなのに、**落ち込んだ気持ちがかなり緩和されたのです！**　これには驚きました。

手法としては、「ポジティブ増進法」の中の「ポジティブなモノ（ポジティブな事実）に接する」にかなり近いものだと思います。

ただ、「自分で自分の長所を書き出す」ことは、どこか作為めいていて、その事実に対する信憑性を低下させてしまいます。しかしながら「他人が自分の長所を認めてくれている」という事実は客観的な説得力を持っていて、ネガティブな気持ちを薄め前向きな気持ちに戻してくれるのです。

今回僕が試したのは「他人が書いてくれた長所」というものでしたが、もちろんこれが誰かからもらった手紙でも、誰かと一緒に撮った写真でも、客観的な説得力を持っている「ポートフォリオ」ならおそらくどんなものでも、その効力を発揮することでしょう。

結論として、**「ネガティブな意識を中和する」方法＝「ポジティビティ・ポートフォリオ」に関しては、憂鬱な気持ちを軽減する効果を認めることができました。**

検証結果の総括

ここまで見ていただいたように、**「ポジティブ増進法」は僕にはあまり効果がなかった**ものの、「ネガティブ解消法」はその効果を確認することができました。具体的には、**「ABCDEモデル」と「ポジティビティ・ポートフォリオ」という2つの手法によって、憂鬱な気持ちを回復させることができた**わけです。

これ以来、僕は何かネガティブな出来事が起きて落ち込むことがあると、必ずこの2つの方法を使って気持ちを回復しています。

落ち込んだ時は、そのこと自体を思い出すのがイヤになるもので、しかしながら「ABCDEモデル」では再度その事件に向き合わないといけないので、実行するにはそれなりの勇気が必要なのですが、試すと落ち込んでいる時には思いもつかなかった新しい「解釈」が思いつきます。そうすればその解釈が、すぐに絶望から救い出してくれます。

また、時間がない時は、**「②Belief（思い込み）」とそれへの「④Disputation（反論）」の2つを書き記す**だけでも効果があります。

また、特に落ち込んで自信を喪失した時は「ポジティビティ・ポートフォリオ」がとても効果的です。僕の場合は、前述した「他の人が書いてくれた自分の長所」を見返すことで、イヤな気持ちが中和されます。

このように「ネガティブ解消法」は有効に働いた僕ですが、「ポジティブ増進法」に関してはほとんどその効果を感じることができませんでした。これはなぜでしょうか？

推測になりますが、これはおそらく僕自身がもともとあまりポジティブな性格ではない、という点が関係していると考えられます。

アメリカのウェルズリー大学のジュリー・K・ノレム準教授の研究結果によれば、もともと**ネガティブな性格な人は、ポジティブなイメージトレーニングなどをさせるとかえってその後のパフォーマンスが悪くなり、逆にネガティブなイメージトレーニングをした方がパフォーマンスがよくなる**ということがあるそうです。

つまり、僕のようにネガティブで疑い深い性格の人間は、「ポジティブなモノ」に触れようと、「ポジティブなフリ」をしようと、心のどこかで「そんなものでポジティブにな

「積極思考手法」の検証結果

			現実性 現実的に使いこなせられるか？	有効性 積極的な思考になれるか？	備考
1. ポジティブ増進法	ポジティブなモノに接する		△	×	特に自信や自己肯定感を高められなかった
	ポジティブなフリをする		△	×	特に自信や自己肯定感を高められなかった
2. ネガティブ解消法	ネガティブな出来事を解釈し直す	トリプルカラム法	○	×	特に憂鬱な気持ちを回復させられなかった
		RPRプロセス	○	×	特に憂鬱な気持ちを回復させられなかった
		ABCDEモデル	○	○	憂鬱な気持ちを回復させられた
	ネガティブな意識を中和する	ポジティビティ・ポートフォリオ	○	○	憂鬱な気持ちを回復させられた

るわけないだろ」と考えてしまい、かえってダメになってしまうのですね。

逆に、もともとポジティブで素直な性格の人は、「ポジティブ増進法」によってさらに自信や自己肯定感を高める可能性がありますし、それがパフォーマンスによい影響を与えることも充分考えられます。

たとえばスポーツ心理学の権威であるジム・レーヤーは、彼の著書、『ビジネスマンのためのメンタル・タフネス』（CCCメディアハウス）の中で、アメリカのプロテニス選手のトム・ガリクソンが、タイブレークになると緊張して力が発揮できなくなるという悩みを克服するため、「ガリクソンはタイブレークが大好きだ」と書いた紙を家中に貼って毎日音読していたところ、11試合中9試合はとることができるようになったというエピソードを紹介しています。これは「ポジティブ増進法」の1つである「ポジティブなモノ（ポジティブな事実）に接する」方法にかなり近いと考えてよいでしょう。

このように、積極思考手法はもともとの性格によってその効果の程度が若干異なることが推測される点を補足しておきます。

「折れない心を持つ」には
どうすればいいのか？

結論

「折れない心を持つ」にはどうすればいいのか？

さて、ここまで「折れない心を持つ」ための様々な手法＝積極思考手法と、その検証結果を見ていただきました。簡単におさらいしたいと思います。

まず、「折れない心を持つ」手法は大きく分けて、「ポジティブ増進法」と「ネガティブ解消法」の2つに分かれることがわかりました。

さらに「ポジティブ増進法」は、「ポジティブなモノに接する」方法と「ポジティブなフリをする」方法がありましたが、実際に試したところ両者とも、（少なくとも僕にとっては）**自信や自己肯定感を高める効果はあまり認められませんでした**。

一方で、「ネガティブ解消法」に関しては、「ネガティブな出来事を解釈し直す」方法、「ネガティブな意識を中和する」方法があり、具体的にはそれぞれ、「トリプルカラム法」「ＰＲＰプロセス」「ＡＢＣＤＥモデル」と、「ポジティビティ・ポートフォリオ」という手法がありました。そしてこのうち、**「ABCDEモデル」と「ポジティビティ・ポートフォリオ」という2つの手法において、落ち込んだ時に憂鬱な気持ちを回復させるという効果を確認することができました。**

そして、これらの積極思考手法の効果の度合いに関しては、もともとの性格によって異なるという点も推測できました。

今回、僕が試した「ポジティブ増進法」によっては、残念ながら自信や自己肯定感を高めることができなかったわけで、僕自身今でも、楽観的であまり小さなことにくよくよしない人を見ると羨ましくなりますし、そんな性格に生まれついたならどんなにか人生楽しかっただろうかと思うことがあります。

ただ、どんなにポジティブな人でも、人間である以上、時には大失敗をして追いつめられることはあるでしょうし、悲劇的な出来事に襲われて絶望することもあるでしょう。それはポジティブな性格であろうと、ネガティブな性格であろうと、避けることはできないと思います。

そう考えると、最も大事なのはそうしたネガティブな出来事が起きた時に、がっくりきて心が折れてしまうのではなく、一時的には落ち込んだとしても上手に立ち直る、ということではないでしょうか。

そしてそんな時に、「ＡＢＣＤＥモデル」「ポジティビティ・ポートフォリオ」といったネガティブ解消法は強力な武器になってくれます。

どこに出しても恥ずかしくない、根っからネガティブ人間の僕ですら効いたのですから、きっとあなたにも効きます。ぜひ試してみてください。

第6章のまとめ

1

ネガティブ思考な人は、無理にポジティブになる必要はない。

――ネガティブな人には、ポジティブなトレーニングは逆効果になりえる。

2

イヤなことが起きたら、今一度その事件を解釈し直してみよう。

――あなたの今の気持ちに証拠はあるか？　別の見方は本当にできないだろうか？

3

自信をなくしたら、自分の長所をあらためて見直してみよう。

――友だちにあなたの長所を思いつく限り書いてもらおう。

あとがき

以上、「成功するためのコツ」に関する、10年間にわたる僕の研究結果をご覧いただきました。いかがでしたでしょうか？

すでに充分見ていただいたように、本書で説明した成功理論は、膨大な数の文献から「成功するためのコツ」を抽出し、それぞれの共通要素を分析し、さらに自分で実際に行なって検証するという、かなり慎重かつ精密な作業を積み重ねて構築したものです。僕はこの理論に絶対の自信を持っていますし、本書の通りに実践していけば、あなたも必ず、成功を手にすることができると断言します。

では僕自身はどうなのか？　というところですが、僕自身も成功を手にするため、本書で書いたことを日々、実践しています。

第1章で説明したように、成功とは、「理想の人生を実現すること」と定義されます。

そして僕自身、いくつかの章で触れたように、人生で実現させたい理想があります。その中でも最も壮大なものは、**「成功哲学を教える学校法人を作る」**という夢です。

僕の今後の人生は、この夢を実現させるためにすべてのリソースを費やすことになるでしょう。それはとりもなおさず、僕の打ち立てた理論が正しいことを自らの人生そのものを使って証明するということでもあります。

つまり、本書で書いたことを実践し、その結果、「成功哲学を教える学校を作る」という夢を実際にかなえることができたなら、さらに本書で述べたことに説得力が出るのではないかと思うのです。そしてそれは、「成功」や「幸福」といったような、もしかしたら他人の人生そのものを左右してしまうかもしれないテーマの分野で、本を出す者の責務でもあると思っています。

ちなみに、この夢を実際に実現させるのは少し先になると思いますが、現在時点でも**定期的にセミナーやワークショップ、個人コンサルティングなどを行なっています。**

本書を読んだだけでは、わからない点や実践しにくいところもあるでしょう。一緒に体験することによって、具体的なやり方や実際の効果などがわかってきますので、ご興味のある方はぜひご参加いただければと思います。

セミナーやワークショップ、個人コンサルティングなどの情報は、僕の配信しているメールマガジンやホームページなどでご連絡しておりますので、よかったらご登録ください。

メールマガジン：「mel-2332@itm-asp.com」に空メール
※登録できない方はホームページからお願いします。
ホームページ：http://www.successful-data.com/
※ セミナーやワークショップ、個人コンサルティングに関する詳しいお問い合わせはホームページの「お問い合わせ」からご連絡ください。

また僕の各種ＳＮＳカウントでも情報を配信しておりますので、お気軽に友達登録やフォローをいただければ幸いです（「高田晋一」で検索ください）。

→ Facebook：https://facebook.com/shinichi.exp
→ Twitter：@shinichi_exp

最後になりましたが、僕のここ10年間は、本書で書かせていただいた成功理論を構築し、これを発表するためだけにありました。その過程で出会った人、参加したイベント、読んだ本など、すべてのものが本書とその理論の血肉となりました。そのためにお世話になった皆様にはあらためて、厚く御礼申し上げます。

特に、本企画を力強く応援し続けていただき、よりよい本になるようにご指導いただいた、ディスカヴァー・トゥエンティワンの藤田編集局長に重ねてお礼申し上げます。ありがとうございました。

本書を読んだすべての人が、理想とする人生を歩めますように。

平成最後の晩秋に

高田 晋一

本書でレビューをした参考文献一覧

第1章　「成功する」にはどうすればいいのか？

・『世界の一流だけが知っている 成功するための8つの法則』（リチャード・セント・ジョン／新潮社）
・『成功者たち　米国ビジネス界のピーク・パフォーマーズ』（チャールズ・ガーフィールド／平凡社）
・『ビジョナリー・ピープル』（ジェリー・ポラスほか／英治出版）
・『なぜ、この人たちは金持ちになったのか』（トマス・J・スタンリー／日本経済新聞出版社）
・『ポジティブ心理学入門』（クリストファー・ピーターソン／春秋社）
・『権力を握る人の法則』（ジェフェリー・フェファー／日本経済新聞出版社）
・『超一流になるのは才能か努力か？』（アンダース・エリクソン／文藝春秋）
・『やり抜く力　GRIT（グリット）』（アンジェラ・ダックワース／ダイヤモンド社）

第2章　「やりたいことを見つける」にはどうすればいいのか？

・『ゴール　最速で成果が上がる21ステップ』（ブライアン・トレーシー／PHP研究所）
・『さあ、才能（じぶん）に目覚めよう』（マーカス・バッキンガムほか／日本経済新聞出版社）
・『人生を変える80対20の法則』（リチャード・コッチ／CCCメディアハウス）
・『成功と幸せのための4つのエネルギー管理術』（ジム・レーヤー／CCCメディアハウス）
・『7つの習慣』（スティーブン・R・コヴィー／キングベアー出版）

・『ワクワクする仕事をしていれば、自然とお金はやってくる』（マーシャ・シネター／VOICE出版）
・『あなたの人生には使命がある』（アルフォンソ・リナーレス・フェルナンデス／PHP研究所）
・『HAPPIER』（タル・ベン・シャハー／幸福の科学出版）

第3章 「夢をかなえる」にはどうすればいいのか？

・『理想の自分になれる法』（シャクティ・ガワイン／廣済堂出版）
・『ザ・シークレット』（ロンダ・バーン／角川書店）
・『思考は現実化する』（ナポレオン・ヒル／きこ書房）
・『アファメーション』（ルー・タイス／フォレスト出版）
・『潜在意識をとことん使いこなす』（C・ジェームス・ジェンセン／サンマーク出版）
・『7つの習慣』（スティーブン・R・コヴィー／キングベアー出版） ※再掲
・『ワン・ミニッツ・ミリオネア』（マーク・ヴィクター・ハンセン、ロバート・アレン／徳間書店）
・『達成の科学』（マイケル・ボルダック／フォレスト出版）

第4章 「目標を達成する」にはどうすればいいのか？

・『あなたはいまの自分と握手できるか』（アンソニー・ロビンズ／三笠書房）

・『史上最強の人生戦略マニュアル』（フィリップ・マグロー／きこ書房）
・『ブライアン・トレーシー100万ドルの法則』（ブライアン・トレーシー／きこ書房）
・『ウォートン・スクールの本当の成功の授業』（リチャード・シェル／ディスカヴァー・トゥエンティワン）
・『成功するにはポジティブ思考を捨てなさい』（ガブリエル・エッティンゲン／講談社）
・『その科学が成功を決める』（リチャード・ワイズマン／文春文庫）
・『やってのける　意志力を使わずに自分を動かす』（ハイディ・グラント・ハルバーソン／大和書房）
・『世界のトップエリートが絶対に妥協しない　小さな習慣』（キャロライン・L・アーノルド／大和書房）

第5章　「悩みを解決する」にはどうすればいいのか？

・『道は開ける』（デール・カーネギー／創元社）
・『ハーバード流交渉術』（ロジャー・フィッシャー、ウィリアム・ユーリーほか／三笠書房）
・『100％人生が変わる1％のひらめき』（マイケル・ニール／主婦と生活社）
・『人生に奇跡をもたらす7つの法則』（ディーパック・チョプラ／PHP研究所）
・『最強のセルフプロデュース術』（シェリル・リチャードソン／きこ書房）
・『運のいい人の法則』（リチャード・ワイズマン／角川書店）
・『一瞬で「自分の答え」を知る法』（ゼン・クライア・デブラックほか／徳間書店）

第6章　「折れない心を持つ」にはどうすればいいのか？

・『とにかく、やってみよう！』（スーザン・ジェファーズ／大和書房）
・『大きく考えることの魔術』（ダビッド・シュワルツ／実務教育出版）
・『ジグ・ジグラーのポジティブ思考』（ジグ・ジグラー／ダイヤモンド社）
・『成功の心理学』（デニス・ウェイトリー／ダイヤモンド社）
・『いやな気分よ、さようなら』（デビッド・D・バーンズ／星和書店）
・『最善主義が道を拓く』（タル・ベン・シャハー／幸福の科学出版）
・『オプティミストはなぜ成功するか』（マーティン・セリグマン／パンローリング）
・『ポジティブな人だけがうまくいく3：1の法則』（バーバラ・フレドリクソン／日本実業出版社）

やってみてわかった　成功法則完全実践ガイド

発行日　2018年12月15日　第1刷

Author	高田晋一
Book Designer	杉山健太郎
Publication	株式会社ディスカヴァー・トゥエンティワン 〒102-0093　東京都千代田区平河町2-16-1 平河町森タワー 11F TEL　03-3237-8321（代表） FAX　03-3237-8323 http://www.d21.co.jp
Publisher	干場弓子
Editor	藤田浩芳
Marketing Group Staff	小田孝文　井筒浩　千葉潤子　飯田智樹　佐藤昌幸　谷口奈緒美　古矢薫 蛯原昇　安永智洋　鍋田匠伴　榊原僚　佐竹祐哉　廣内悠理　梅本翔太 田中姫菜　橋本莉奈　川島理　庄司知世　谷中卓　小木曽礼丈　越野志絵良 佐々木玲奈　高橋雛乃
Productive Group Staff	千葉正幸　原典宏　林秀樹　三谷祐一　大山聡子　大竹朝子 堀部直人　林拓馬　塔下太朗　松石悠　木下智尋　渡辺基志
Digital Group Staff	清水達也　松原史与志　中澤泰宏　西川なつか　伊東佑真 牧野類　倉田華　伊藤光太郎　高良彰子　佐藤淳基
Global & Public Relations Group Staff	郭迪　田中亜紀　杉田彰子　奥田千晶　連苑如　施華琴
Operations & Accounting Group Staff	山中麻吏　小関勝則　小田木もも　池田望　福永友紀
Assistant Staff	俵敬子　町田加奈子　丸山香織　井澤徳子　藤井多穂子　藤井かおり 葛目美枝子　伊藤香　鈴木洋子　石橋佐知子　伊藤由美　畑野衣見 井上竜之介　斎藤悠人　宮崎陽子　並木楓　三角真穂
Proofreader	文字工房燦光
DTP/CHART	株式会社RUHIA
Printing	株式会社厚徳社

本書へのご意見ご感想は下記からご送信いただけます。
http://www.d21.co.jp/contact/personal

ISBN978-4-7993-2400-4